정재호의 생생 리얼 토크

대통령의 밥값은 누가 낼까

정재호의 생생 리얼 토크

대통령의 밥값은 누가 낼까

정재호 지음

모아북스
MOABOOKS

정재호, 우리 사회 문제를 해결할 돌직구 거포

노무현 대통령 비서실, 그곳에서 정재호 비서관과 함께 일을 했습니다. 노무현 후보 때부터 정무보좌역으로 성실히 업무를 수행하던 모습을 잘 알기에 그에 대한 믿음과 기대가 컸습니다.

노무현 전 대통령과 함께 "사람 사는 세상"을 만들기 위해 머리를 맞댔고, 열정을 다했으며, 그 일을 천직으로 알았습니다. 그것이 바로 내가 아는 정재호입니다.

그와의 인연은 2012년으로 이어져, 내가 대통령 후보로 출마했던 당시 기꺼이 내 편이 되어 주었습니다. 그가 완성한 '문재인 담쟁이 펀드'는 56시간 동안 200억 원 모금 달성이라는 경이로운 결과를 이루었습니다. 이것은 단순히 기금 모금 달성이라는 의미를 넘어서서, 국민 한 사람 한 사람의 지지와 응원을 담고 있었기에 우리 모두에게 감동으로 다가왔습니다. 그 핵심에 정재호 비서관이 있었으며, 나는 지금도 그 고마움을 잊지 못합니다.

우리나라 국민들은 너나없이 힘들게 살아가고 있습니다. 모두가 잘 사는 나라는 아니더라도 '그래도 살 만한 세상'은 되어야 하는 게 아닙니까?

그런 사회적인 문제에 대해 "왜죠?" 하고 자신 있게 손들고 말할 사람, 그리고 그 문제에 대안을 제시할 사람은 정재호 비서관이 제격이라고 봅니다. 그는 에둘러 말하거나 잔꾀를 부리는 사람이 아닙니다. '프로젝트 마스터'란 별칭에 걸맞게 문제의 핵심을 찾아 해결책을 모색하고 거듭 수정하면서 반드시 성공으로 이끌어 가는 두뇌형이자 실천형 인재입니다. 국민을 대표해 나라 일을 하겠다고 나선 사람으로서 갖춰야 할 요소를 제대로 갖춘 것입니다.

우리 사회 문제를 해결할 돌직구 거포 정재호!
부디 그가 뜻을 이루어 '일 잘하는 정재호'의 면모를 유감없이 보여줄 수 있기를 바랍니다.

새정치민주연합 당대표 문재인

신의를 지키는 믿음직한 친구

정재호와는 30년 지기 친구입니다. 내가 힘든 순간, 누군가의 도움이 필요할 때 가장 먼저 재호에게 손을 내밀었고, 그는 조금의 망설임도 없이 내 손을 잡아 주었습니다. 그는 단 한 번도 "왜?"라거나 "무엇 때문에?"라고 묻지 않았습니다. 저의 말을 당연하게 받아들이고, 그 다음 자신이 무엇을 해야 할지를 의논했습니다. 학교에서 학생운동을 하면서 알게 되었고, 노무현 대통령을 위해 함께 일했으며 정치 동반자로서 같은 길을 걸었습니다. 그게 30년입니다. 30년 전이나 지금이나 재호와 나는 그 모습 그대로입니다.

2010년, 내가 태어난 고향 충남에서 도지사로 출마하면서 제일 먼저 재호에게 연락을 했습니다. 늘 '재호 같은 친구가 나를 위해 일해 준다면 얼마나 좋을까' 생각해 오다가 마침내 기회가 생겼고, 나는 그에게 도움을 요청했습니다.

재호는 흔쾌히 승낙을 했습니다. 아마도 제가 개인적인 권력에 욕심내고 출마했더라면 그는 단칼에 거절을 했을지도 모릅니다. 그것은 우정과 의리를 넘어서 '정의'에서 어긋나기 때문입니다.

하지만 재호와 나에게는 공동의 숙원 사업이 있습니다. 참여정부가 미처 풀지 못한 과제들, 역사의 한편에서 과제로 내려오던 문젯거리들을 함께 풀어가자는 데 우리는 뜻을 모았던 것입니다. 쓸쓸한 현실이지만, 그것은 아마도 우리의 평생 과제가 되지 않을까 생각해 봅니다. 2010년에 이어 2014년에도 재호는 나를 위해 함께 해 주었고, 덕분에 재선에 무사히 안착할 수 있었습니다.

내 친구 재호는 계획을 세우고 집행하는 데 탁월한 능력을 가지고 있습니다. 사람들과 관계 맺고 소통하는 데도 재능이 뛰어납니다. 힘든 어린 시절을 겪었고, 격동의 청년기를 보냈으며, 은행에서 월급쟁이로 사회생활을 처음 시작했을 때도. 길거리를 오가며 마주치는 시민들과 쉽게 공감하고 소통하는 것은 아마도 그가 살아온 다양한 삶의 궤적 덕분이 아닌가 합니다.

한편으로는 바보 같은 면이 있어서, 권력이며 돈을 퍼다 안겨도 그걸 받을 줄 모릅니다. 까짓것, 눈 한 번 질끈 감아주면 그만인데 그걸 못해서 욕도 먹고 고충도 겪었습니다.

하지만 나는 그가 얼마나 신의를 중요하게 생각하는 사람인지 잘 알고 있습니다. '재호의 힘'은 바로 신의에서 나옵니다. 나와의 신의를 지켜 최선을 다했던 것처럼, 정재호는 모든 이들을 위해서도 헌신할 것이라고 믿어 의심치 않습니다.

다시 한 번 정재호가 가진 저력을 기대합니다.

충남도지사　안희정

형님, 형님이 있어 든든합니다!

'프로젝트 마스터' 라는 명칭이 낯설어서 한참을 생각했습니다. 하지만 재호형을 만나 뵙고 그분의 행적을 살펴보면서 "아하!" 하고 그 말뜻을 깨달았습니다.

흔히 정·재계에서는 '승부사' 라는 말을 많이 씁니다. 승부에 대한 집념이 강한 사람을 일컫는 말로, 상대방의 빈틈을 노렸다가 재빨리 날카로운 한 방을 날림으로써 승리의 쾌거를 올리는 사람에게 따라붙는 말입니다.

물론 정치는 상대편과의 경쟁에서 '승리' 를 거머쥐어야 하는 냉철한 세계입니다. 그러나 그 목적이 '승리' 가 되어서는 안 됩니다. 자신이 왜 승리해야 하는지, 명분과 근거가 있어야만 그 승리는 유효한 것입니다.

언젠가 형이 물었습니다.

"대통령 밥값은 누가 내는 줄 알아?"

한 번도 생각해 보지 않았던 질문이었기에 말문이 막혔습니다.

"대통령도 밥값을 내나요? 음, 혹시 비서나 보좌관이 내나요?"

형은 고개를 내저었습니다.

"국민이 낸 세금으로 대통령 월급이 나가는 거고, 대통령은 그 돈으로 밥을 사먹는 것이니 결국 대통령 밥값은 국민이 내는 게 아니겠나. 대통령뿐만 아니야. 장관이든 국회의원이든 국민이 주는 돈으로 밥 먹고 사는 게지. 그런데 말이야, 제대로 밥값 하는 정치인이 없어, 쯧쯧!"

그때서야 형의 말뜻을 알아들었습니다. 그리고 그분의 말은 곧 일 잘하는 사람에게 일을 맡겨야 제대로 된 결과가 나오며, 그 사람이야말로 밥값 하는 사람이라는 뜻으로도 들렸습니다.

형이 프로젝트 마스터로 이름을 날린 데는 다 이유와 근거가 있습니다. 그간의 업적을 돌아봤을 때 대규모의 프로젝트를 성공리에 이끌었으며, 가슴에 품고 있는 프로젝트 또한 충분히 현실 가능한 미래를 예고하고 있기 때문입니다.

정재호 형이 생각하고 있는 신 행주대첩 프로젝트니 주주형 공동주택 프로젝트는 잘 모르는 사람에게는 꿈같은 이상에 지나지 않습니다. 그렇지만 그간 해결책을 찾아 노력하고 연구한 사람에게는 기막힌 아이디어이자 대안입니다.

정재호 형의 머리가 뛰어나게 좋아서 그런 결과를 얻을 수 있었다고 생각하지 않습니다. 그러나 한 가지 인정하는 것은, 그분의 머리와 가슴 속에는 늘 지역을 염려하고 발전을 기원하는 열정이 있다는 것입니다. 그러한 열정이 정재호 형을 '프로젝트 마스터'로 키워낸 게 아닌가 싶습니다.

재호 형에게 부탁 한 가지 드립니다.
"형님, 형님 밥값, 제가 내게 좀 해주십시오!"

변호사 천경득

대통령의 밥값을 대답하다

우리나라에 방문한 프랑스 대통령과 국무총리 그리고 대통령이 만나서 값비싼 저녁을 먹었습니다. 밥값은 누가 냈을까요?

.

.

.

바로 국민입니다.

국민이 낸 세금으로 국정을 운영하고, 정부 요직 관리와 대통령의 월급을 줍니다. 대통령이 외국을 순방할 때 쓰는 모든 비용 또한 국민의 지갑에서 나갑니다.

시급 6천 원을 받는 아르바이트생이 낸 세금,

월평균 임금 100만 원이 조금 넘는 비정규직 근로자가 낸 세금,

유리지갑 월급쟁이들이 꼬박꼬박 낸 세금이 공무원들과 대통령의 월급으로 나갑니다.

아깝지요?

나도 먹고살기 힘든데, 높으신 분들 밥값까지 챙기려니 억울해서 욕 나오지요?

왜 그런지 아세요?

국민을 위해 일 제대로 하라고 뽑아 놨더니 요직에 들어서는 순간 내편 니편 갈라서 자기들 세력 싸움이나 하고, 눈치 봐가면서 자기 잇속 챙기기에 바쁘고, 근거 없는 비방과 말도 안 되는 역사 왜곡이나 하고……. 국민들이 바라는 건 정치적인 논쟁이 아닌데 말입니다.

이념을 말하기에는 국민들의 삶이 너무 힘듭니다.

월급은 그대로인데 세금과 물가는 올라가기만 할 뿐 내려올 줄을 모릅니다. 애들 키우는 데 들어가는 교육비와 양육비도 입 떡 벌어지게 많고, 언론에서 '부동산 값 안정, 아파트 값 안정' 아무리 떠들어도 내 집 하나 마련하기가 하늘의 별 따기입니다.

제가 거리를 오가며 만난 분들은 하나같이 말씀하셨습니다.

"먹고살기가 너무너무 힘듭니다."

맞습니다. 그분들이 바라는 것은 '먹고사는 일', 즉 경제 안정이었습니다. 대통령 밥값을 내는 국민들이 정작 자신의 밥값을 걱정하고 있습니다.

직장에 다니는 아버지는 언제 정리해고가 될지 몰라 불안해하고, 대학을 졸업한 아들과 딸은 일자리를 얻지 못해 몇 년째 취업 재수를 하고 있습니다. 어머니는 아버지를 도와 경제 활동에 나서 보지만 아침부터 저녁까지 일해도 고작 100만 원 안팎 밖에 벌지 못하고, 그나마 시한부를 선고 받은 비정규직입니다. 청소년은 시급 6천 원을 받고 편의점에서 아르바이트를 하지만 3개월은 '수습'이란 이름으로 규정 금액의 70~80%밖에 받지 못합니다. 그렇게 가정 수입이 뻔한데, 지출해야 할 돈은 점점 많아지니 먹고살기가 힘든 것입니다.

"검은고양이든 흰고양이든 쥐만 잘 잡으면 된다"는 등소평의 말처럼, 국민들은 여당이든 야당이든 상관없으니 먹고사는 문제 좀 해결해 주기를 바랄 뿐입니다.

과연 선진국, 복지 국가로 가려면 이런 힘든 과정을 다 겪어 내야 하는 걸까요?

다른 나라도 다 그랬을까요?

물론 아닙니다. 서민들의 주머니를 비틀어 짜서 부자 된 나라는 없습니다.

대기업의 독식과 사회에 만연해 있는 부정부패만 척결해도 나라 경제 문제 중 절반 이상은 저절로 해결될 것이라고 감히 말씀드립니다. 그러려면 쌍둥이처럼 한 몸으로 붙어서 서로의 편의를 봐주는 '정경유착'의 고리를 끊어야 합니다. 정치인들은 정치를 할 때 정치자금이 필요하고, 경제인들은 사업을 할 때 권력을 필요로 하니, 정치인들은 경제인들 뒤를 봐주고 경제인들은 그 명목으로 정치인들에게 정치자금을 대줍니다.

그 관계가 청산되지 않는 한 힘없는 서민들의 삶이 개선되리라 기대할 수 없습니다.

얼마 전 서거하신 김영삼 전 대통령에 대한 평가가 재조명되면서, 재계 고위 관리들은 입을 모아 말했습니다. '검은 돈 안 만진 첫 대통령으로서 정경유착 고리를 끊기 위해 노력한 분'이라고 말입니다.

"과거 관행처럼 이어져 왔던 정치 비리를 처음 끊고 가자고 말씀하셨던 분이셨죠. 자신도 깨끗했지만, 지속적으로 투명 사회를 만드는 구조를 만드는 데 크게 기여하셨어요." (10대 그룹 계열사

사장)

"YS시절 유럽법인장으로 나가 있었는데 당시 선진국에서 보편적이었던 금융실명제가 한국에 도입된다는 얘기를 듣고 처음에는 '이제야 도입되는구나' 했죠. 그런데 당시 상황을 놓고 보면 '첫발 떼기가 쉽지 않았을텐데 끝까지 관철시켰구나' 하는 생각이 들어요. 부정부패를 막기 위한 의미 있는 시도를 한 대통령으로 기억합니다."(20대 그룹 고위 임원)

정계와 재벌에게는 그리 달갑지 않은 개혁이었지만 김영삼 전 대통령은 그러한 개혁을 통해 음지에서 거래되던 뒷돈을 양지로 끌어내 국가복지의 발판으로 삼고자 했습니다. 물론 시도와 노력에 비해 결과는 미미했지만, 다양한 정책이 이어지면서 돈세탁의 실체가 곳곳에서 밝혀졌고 국민들은 정경유착의 심각성을 알게 되었습니다. 또한 선진, 복지국가로 발돋움하려면 어떤 쇄신이 필요한지 깨달을 수 있었습니다.

김영삼 전 대통령의 개혁은 실제적인 성과보다는 국민들의 의식을 한 단계 높인 것에 대해 오히려 높게 평가해야 할 듯합니다. 그리고 김영삼 대통령이 시작한 일을 어떤 식으로 받아들여 정경유착의 고리를 끊어야 할지, 그것을 숙제로 받아들여야 합니다.

한때 제목 하나만으로 대한민국에 화두를 던졌던 책이 있습니다. 하버드 대학교에서 정치철학을 가르치는 마이클 샌델 교수의 "정의란 무엇인가?(JUSTICE: What's the right thing to do?)"라는 책입니다.

맹자는 "삶도 내가 바라는 것이요, 의(義) 또한 내가 바라는 것인데, 둘을 모두 얻을 수 없다면 삶을 버리고 의를 취하겠다"고 했습니다. 맹자는 삶보다 정의를 택할 만큼 불의를 싫어했습니다.

그런데 요즘의 정의는 어떠한가요?

'정의'란 옳고 그름을 따지는 게 아니라 눈앞에 펼쳐지는 시대적 현상과 흐름, 대세에 얼마나 잘 따르고 있느냐 하는 것으로 바뀌어 버렸습니다. 그래서 대세를 잘 따르면 '의롭고 바람직한' 사람으로, 대세에 반기를 들면 '정의롭지 못한' 사람으로 낙인을 찍습니다.

하지만 시대에 따라 대세가 바뀌다 보니 정의로운 사람의 기준도 달라졌습니다. 다시 말해 시대의 요구에 따라 그때그때 카멜레온처럼 적응해야 정의로운 사람으로 평가 받을 수 있습니다. 심지 곧고 우직한 정치인보다는 발 빠르게 대세를 잘 따르는 정치인이 훌륭한 사람이 된 것입니다.

서민들은 돈도, 권력도 없으며 대세도 아닙니다. 그러다 보니 서민들 편에 서서 그들의 힘든 삶을 대변하면 영락없이 색깔 논란에 휩싸이고 정의롭지 못한 사람으로 분류됩니다.

돈이 돈을 버는 세상에서 돈이 없는 사람들은 평생 개천을 벗어날 수 없습니다. 그래서 예전에는 흔히 하던 "개천에서 용 났다"는 말을 요즘은 들어볼 수가 없는 것입니다. 대한민국은 출생 계급이 아닌 경제 계급이 존재하는 나라로, 흙수저에서 금수저가 되려면 다시 태어나는 수밖에 없다고, 서민들은 자조 섞인 농담을 던집니다.

진정 이 시대에는 "맹자의 정의론"을 이을 정치인이 없는 걸까요? 돈, 권력이 없는 서민의 편에 서서 그들을 대변하는 정의로운 사람은 없는 걸까요? 우리나라에서 기득권층으로 불리는 재벌과 정계 고위 관리들이 아닌, 일반 서민들의 고민을 함께 해결해 나갈 정치인, 그가 이 시대의 "정의"였으면 좋겠습니다.

"대한민국은 민주공화국이다. 모든 권력은 국민에게 나온다."

우리나라 헌법 제1조에 명시된 내용입니다. 대한민국은 '국민이 주인인 나라'지만 5년 중 주인 노릇을 할 수 있는 날은 단 하루에 지나지 않습니다. 그날 누구를 선택하느냐에 따라 앞으로의 5년이 달라집니다.

대한민국 제6공화국인 "박근혜 정부"가 들어선 지 만 3년을 앞두고 있지만, 그가 선거유세 때마다 외쳤던 "내 꿈이 이루어지는 나라"는 이 땅 그 어디에도 없습니다.

2012년, 박근혜 국민행복캠프에서는 분명 비정규직을 모두 정규직으로 전환할 것이며 만약 그것을 지키지 않으면 벌금을 열 배로 부과하겠다고 했습니다. 무상보육, 등록금 대출이자 0%, 그리고 증세는 하지 않겠다고 했습니다. 채권을 발행해서 가계부채를 해결하겠다고 했습니다. 무주택자에게는 정부보증으로 은행 이자를 절반으로 감면해 주겠다고 했고 사교육 금지, 선행학습 금지……

국민이 바라는 것, 즉 "이상(理想)"을 현실로 만들어서 국민의 꿈을 이루어 주겠다는 공약을 내걸었지만 그건 단지 선거 당선용 캐치프레이즈에 지나지 않았습니다. '사람 마음이 화장실 갈 때와 나올 때가 다르다'는 말이 딱 들어맞았습니다.

사람들은 말했습니다.

"내 꿈이 이루어지는 나라"라고? 아, 그 '내' 가 국민이 아니라 진짜 당신이었구먼!

국회의원도 마찬가지입니다. 선거 때는 국민 앞에서 굽실거리며 국민의 종이 될 것처럼 부지런을 떨더니 막상 금배지를 달고 나서고 국민을 종처럼 생각하거나 아예 국민 따위는 머릿속에서 잊은 지 오래입니다.

선거를 앞두고 그들은 분명 말했습니다.
오랫동안 이루어지지 않아 애를 태웠던 지역발전을 우선하겠다고.
복지 사각지대를 없애고 선진복지를 이루겠다고.
일자리를 창출해 청년실업을 해소하고 빈부격차를 줄이겠다고.
하지만 그런 공약이 당선과 동시에 쓰레기통에 버려질 줄 누가 알았겠습니까.
국민들은 제대로 뒤통수를 맞은 셈입니다.

어느덧 제가 고양시에 뿌리를 내리고 산 지 17년이 되었습니다.

강산 변하기로 따지면 손가락으로 다 꼽기에 모자랄 지경입니다. 하지만 그 기간 동안 지켜본 덕양구는 다른 주변 지역에 비해 큰 변화가 없습니다.

"무슨 소리! 예전에는 여기가 다 황무지였는데 지금은 아파트도 들어서고 번듯한 상가도 들어섰는걸."

맞습니다. 물론 제가 처음 이 지역에 발을 디뎠던 그때와 비교해 보면 눈부신 발전입니다. 그런데 어느 순간 변화와 발전이 제자리를 걷고 있습니다. 시내 중심에서 한참 더 들어가야 하는 일산은 하루가 다르게 발전하고 있는데, 덕양구는 성장점이 잘린 나무처럼 그대로 멈추어 버렸습니다. 상대적으로 보았을 때, 현재보다 과거가 더 영화로운 도시랄까요.

그래서 오죽하면 덕양구 구민들은 "어디 사세요?" 하는 물음에 "일산이요" 하고 대답을 한답니다. "덕양구 살아요" 하고 말해 봤자 그곳이 어디인지 아는 사람이 적기 때문입니다. 또한 '덕양구에 산다' 고 말하는 것보다 좀 더 번화한 곳인 '일산에 산다' 고 말하고 싶은 심리도 있을 겁니다.

길을 오가며 늘 고민하는 것이 있습니다.

'어떻게 하면 내가 사는 마을을 좀 더 살기 편하고 아름다운 곳으로 만들까' 하는 것입니다. "어디에 사세요?" 하고 물었을 때 자랑스럽게 "덕양구요" 하고 말할 수 있도록, 내가 무엇을 할 수 있을까 그 생각이 머릿속을 떠나질 않습니다.

사람들은 묻습니다.

"발전이 더딘 그곳을 무슨 수로 개발한다는 겁니까? 개발할 만한 곳은 이미 다 개발했고, 더 이상 개발할 곳이 없으니 성장이 멈춘 거겠지요. 거기까지가 덕양구의 한계 아닙니까?"

아닙니다.

덕양구는 지리적, 입지적 조건이 나쁘지 않습니다. 개발의 한계를 맞이하기에는 저력이 있는 도시지요. 그러나 한 가지 문제라면, 이미 개발이 포화 상태인 역세권에 비해 차를 타고 10여 분만 달려가도 판잣집이 쉽게 눈에 띈다는 점입니다. 불균형한 개발로 인해 주민들의 삶조차도 불균형해졌습니다.

이제 무리한 역세권 계발이 아닌, 상대적으로 소외된 지역 개발에 눈을 돌릴 차례입니다.

덕양구의 대표 유적지인 "행주산성"은 역사적 입지나 지명도에 비해 덜 알려진 명소입니다. 이곳은 역사 유적이 잘 보존되어 있는데다가, 우리나라 3대 대첩의 격전지인 만큼 정신적인 교육 효과도 큽니다.

덕양구에는 행주산성 외에 북한산성이 있고, 조선시대 왕릉인 서오릉과 서삼릉이 있고, 배다리酒박물관과 중남미문화원이 있으며, 테마 동물원인 쥬쥬와 종마목장이 있습니다.

지역 외곽에 위치한 이런 관광지를 개발, 홍보하여 외부 관광객 유입에 적극 나선다면 경제 활성화에 큰 계기가 될 것입니다. 뿐만 아니라 지역 균형 발전에도 기여하여, 소외된 주민 없는 덕양구로 발전해 나갈 것입니다.

저는 보다 살기 좋은 내 지역을 위해 열심히 노력하고 싶습니다.

노무현 전 대통령, 아니 노무현 의원이 대통령 후보로 나섰을 때 정무보좌 역을 맡으면서, 그리고 56시간 만에 200억 원을 모금하겠다는 '문재인 펀드' 프로젝트를 성공리에 완성하면서, 안희정 위원장이 충남도지사에 출마할 때 후보 선대본부장을 맡으면서 제게는 "프로젝트 마스터"란 별칭이 따라붙었습니다.

해당 프로젝트를 성공으로 이끄는 데 탁월한 능력이 있다는 칭찬인 동시에 제게는 "프로젝트를 반드시 성공으로 이끌어야 한다"는 어깨 무거운 책임감이기도 합니다. '마스터'란 이름에 걸맞은 결과를 위해 프로젝트를 돌아보고, 점검하고, 수정 보완하며 완성에 대한 확신도 더욱 커집니다.

제 옷 안주머니에는 4절 크기의 고양시 지도가 꼬깃꼬깃 접혀있습니다. 하도 접었다 폈다를 반복해서 접은 선이 닳아 버린 그지도에는 덕양구의 미래가 설계되어 있습니다.

저는 그 미래를 "신행주대첩 프로젝트"라고 이름 붙여봅니다.

덕양에는 한강과 그 수변, 행주산성, 북한산에서 시작해서 한강으로 흐르는 창릉천이 있고, 항공대와 농협대라는 특별한 대학이 있으며, 상암미디어단지가 밸리로 이어질 드넓은 땅이 있습니다. 한강·행주산성·창릉천·북한산 그리고 능곡역·행신역등을 연결하여 역사·문화·생태·교육·예술을 아우르는 특구로 개발한다면 덕양구는 발전의 새로운 계기를 맞이할 것입니다. 특별히 이것을 "신행주대첩 프로젝트"로 이름 붙인 데는 이유가 있습니다. 행주대첩에서 패한 왜군이 우리나라에서 철수하기 시작했고 결국 이곳 행주산성은 나라의 운명을 구한 곳이기에, 저 또한 덕양구의 운명을 구하겠다는 염원을 프로젝트 이름에 담은 것입니다.

"신행주대첩 프로젝트"는 대표 예시에 지나지 않습니다.

타구간에 비해 6배 이상 비싼 외곽순환고속도로 북부 구간 요금을 어떻게 해결할 것인지에 대해 '재구조화' 방안을 이미 제시했으며, 지난 18년간 폭증한 덕양구 인구에 비해 턱 없이 미비한 교통 문제를 해결하기 위해 중간기착역의 위치를 심도 있게 고찰, 나름의 타당성을 부여하고 국회 예산의 편성과 추진을 제대로 관리 감독하겠다는 의지를 다지고 있습니다. 이밖에 추진과 해체를 두고 주민들 간의 의견 대립이 계속되고 있는 "능곡 뉴타운"에 대해서도 지하 공간 활용을 통해 용적률을 높임으로써 해결책을 모색하는 등 다양한 아이디어를 가지고 있습니다.

능곡 뉴타운이 잘못 꿴 단추를 인정하고 어떻게 나머지 단추를 무리 없이 꿰 나갈 것인가에 주안점을 둔다면,

"주주형 공동주택" 프로젝트는 누구나 집 걱정 없이 자기 집에서 살 수 있도록 하겠다는 의지를 반영하고 있습니다.

주주형 공동주택은 대한민국 국민이라면 누구나 입주할 수 있으며, 집값의 10%만 있으면 10년 동안 임대료 걱정 없이 마음 편히 살 수 있습니다. 그리고 10년이 지난 다음에는 희망자에 한해 10년 전 시세로 그 집을 구입할 수 있습니다. 물론 살고 있는 동안 주거권을 자유롭게 거래할 수 있으며 기간에 대한 강제 조항은 없습니다.

이게 과연 가능할까요?

그렇습니다. 건설회사가 주도하여 청약을 받고, 계약금과 중도금을 불입하도록 하는 식의 기존 방식대로라면 절대 불가능한 일입니다. 하지만 부동산투자회사인 리츠 사(社)가 주도하고 주택도시보증공사가 국민을 위해 적극 나서 준다면 '불가능'이 '가능'으로 바뀝니다. 주택도시보증공사가 보유하고 있는 약 100조 원의 주택기금으로 중도금 대출을 해준다면 집값의 10%만으로도 자신의 집을 가질 수 있습니다.

한마디로 제 바람은 우리나라 국민들에게 새 집을 주는 두꺼비가 되는 것입니다.

어린 시절, 손등 위로 모래를 수북이 쌓아올린 다음 "헌 집 줄

게, 새 집 다오" 하고 말하면서 손을 쑥 빼면 그 주문처럼 집을 만들어 주는 두꺼비 말입니다. 특히 내가 사는 지역의 주민들이 철마다 집을 찾아 이리저리 옮겨 다니며 가난을 탓하지 않도록, 반드시 주주형 공동주택 프로젝트를 성공으로 이끌 것입니다.

2017년 총선을 앞두고 갑자기 바빠진 사람들이 있습니다.

다른 사람보다 거창하고 그럴싸한 공약을 내세우기 위해 탐색전도 하고 첩보전도 합니다. 지인을 동원해 표심 얻기에 전력투구합니다. 출마자는 인사 다니느라 바쁘니 공약을 기획하고 전략을 세우는 팀이 따로 있고, 연설문 써 주는 사람 따로 있고, 출마자의 SNS에 선행을 대대적으로 홍보해 주는 사람이 따로 있습니다. 물론 총선 날짜가 바싹바싹 다가오니 어쩔 수 없는 일이기도 합니다. 유권자 한 명이라도 더 만나서 얼굴을 알려야 하니 가면을 씌워서 동서남북으로 대신 내보내고 싶은 심정이겠지요.

그러나 당선을 위한 공약은 사탕발림에 지나지 않습니다.

과연 지금 나라를 위해, 국민을 위해 일하겠다고 나선 사람 중에 국민의 삶에 관심이 있는 사람이 몇이나 될까요? 과연 그들이 진심으로 서민들의 먹고사는 문제 해결을 위해 고민하고 있을까요? 혹시 당선을 위한 선심 공약은 아닐까요?

낙선해서 아무런 권력을 얻지 못한다고 해도 흔쾌히 백의종군 (白衣從軍)할 사람, 자신이 내건 공약을 실천하기 위해 불철주야 헌신할 사람이 과연 누구인지 진면목을 살펴야 합니다. 국민을 위해 현실적인 고민을 하는 사람이 누구인지를 따져 봐야 합니다. '소통'과 '불통'이 심심찮게 화제로 떠오르는 만큼, 국민들과 제대로 '소통'하는 사람에게 주인으로서의 권리를 행사해야 합니다. 내 돈으로 밥값 내는 게 아깝지 않을 그런 사람을 대표로 뽑아야 합니다.

감히 대통령과 정치인들에게 고합니다.

오늘 삼시 세 끼 뭐 드셨습니까?
그리고 오늘은 국민을 위해 어떤 일을 하셨나요?
국민들이 낸 돈으로 밥 사먹는 게 미안하지 않으려면

밥값 제대로 합시다.

대통령의 현 경제상황 인식
'잘 모르는 것 같다' 59.7%
박대통령 지지도 낮은 이유
'대통령 탓 44.7% vs 야당 탓 25.6%'

온라인미디어 imTV와 여론조사전문기관 '윈지코리아컨설팅'이 공동 추진하는 〈알찍(알고찍자)〉 여론조사에서 국민 10명 중 6명이 박근혜 대통령이 '현 경제상황을 잘 모르는 것 같다'는 생각을 가진 것으로 조사됐다.

지난 22일~23일 실시한 정례조사에서 우리 국민들이 겪고 있는 어려운 경제상황에 대해 박 대통령이 '잘 모르고 있다'고 보는 국민이 10명 중 6명에 달하는 것으로 나타났으며(59.7%), '잘 알고 있다'는 응답은 40.3%를 차지했다. 연령대가 낮아질수록 부정평가가 높았고 거의 모든 지역에서 '잘 모르고 있다'는 응답이 과반을 차지한 가운데, TK에서 유일하게 '잘 알고 있다' 응답이 더 높게 나타났다(52.4%).

'아주 잘 모르고 있다'는 강한 부정적 평가는 서울지역에서 가장 높은 비율을 차지했다(41.6%). 차기대선 여권 지지층에서는 '잘 알고 있다'(79.9%)가, 야권 지지층에서는 '잘 모르고 있다'(92.2%)가 압도적으로 앞

섰다. 여권 지지층에서 강한 긍정평가('아주 잘 알고 있다')는 34.9%를 차지했으며, 야권 지지층에서 강한 부정평가('아주 잘 모르고 있다')는 65.6%에 달해 야권 지지층의 부정평가 강도가 더 센 것으로 드러났다.

대통령의 국정지지도가 낮은 원인으로 '대통령의 능력/통치스타일에 문제가 많아서' 라고 응답한 국민이 44.7%로 절반 가까이에 달했다. '야당 등 반대세력이 발목을 잡기 때문에' (25.6%)가 그 뒤를 이었다. 결국 '야당 탓' 보다는 대통령 본인 탓이라는 시각이 우세한 셈이다.

'세월호, 메르스 등 운이 없는 대형사건이 많이 일어나서' (13.2%), '장관이나 청와대 참모 등이 잘 뒷받침하지 못해서' (10.3%)라는 응답이 뒤를 이었다. '대통령 탓' 이라는 응답은 40대 이하, TK를 제외한 전 지역, 차기대선 야권 지지층(78.8%)에서 가장 높았으며, '야당 탓' 응답은 50대 이상, TK, 차기대선 여권 지지층(54.4%)에서 높은 비율을 보였다.

박 대통령의 통치스타일 중에서 가장 못마땅한 점은 '자신의 주장만이 옳다고 믿는 독선적 태도' (25.3%), '국민의 의견을 듣지 않으려는 태도' (22.2%), '세월호 등 정부의 과오에 대해 제대로 인정하지 않는 태도' (14.0%), '반대파를 포용하지 않는 태도' (13.8%) 순으로 조사됐으나, '특별히 없다' 는 응답도 24.7%에 달했다.

대통령의 국정지지도가 낮은 이유로 '대통령의 능력/통치스타일 문제'를 들었던 응답층은 '독선적 태도'(38.5%)와 '국민의견 수렴 부족'(34.2%)을 가장 못마땅하게 여겼다. 차기대선 야권 지지층에서는 '독선적 태도'(38.6%)에 불만이 컸으며, 여권 지지층에서는 불만사항이 '특별히 없는'(49.0%) 것으로 나타났다.

또 박 대통령의 국정운영을 이명박 전 대통령 시절과 비교한 결과, 국민들은 박근혜 대통령은 43.2%, 이명박 전 대통령 27.8%로 박 대통령이 높았다. 잘 모르겠다는 응답은 29.0%였다. 연령별로 보면 '40대 이상'에서는 '박근혜', '30대 이하'에서는 '이명박' 응답이 높게 나타났다.

대부분 지역에서 '박근혜 대통령이 더 낫다'는 응답이 절반 가까이 차지했으며, 특히 TK(49.7%)와 PK(49.6%)에서 높은 수치를 기록했다. '이명박 전 대통령이 더 낫다'는 응답은 서울과 광주/전라 두 지역에서만 근소하게 우위를 점했다.

차기 대권 집권세력 선호도 조사에서는 야권이 40.5%, 여권이 38.0%로 '야권'의 우위가 지속되고 있긴 하지만, '여권' 선호도는 증가하고 '야권' 선호도 감소 추세로 조사 실시 이래 가장 좁은 격차를 나타냈다. 여야간 선호도 격차 추이는 지난 5주 동안 7.2%p(1차) → 5.5%p(2차) → 11.5%p(3차) → 3.8%p(4차) → 2.5%p(5차)의 흐름을 보였다.

이는 안보 불안감이 형성되면서 대선 지지성향에도 영향을 미친 것으로 풀이된다. 20~40대는 '야권'을, 50대, 60세 이상은 '여권'을 더 선호했고 지역별로 '야권'은 서울, 광주/전남/전북에서, '여권'은 대구/경북, 부산/울산/경남, 강원/제주에서 우세하며, 경기/인천, 대전/충청/세종의 경우 박빙 상황인 것으로 나타났다.

이번 조사는 지난 22일~23일 이틀간, 전국 만 19세 이상 국민 1,017명을 대상으로 유·무선 방식(무선 70%, 유선 30%)의 자동응답시스템(ARS 조사)을 이용하여 실시하였다. 응답률은 3.1%, 표본오차는 95% 신뢰수준에 ±3.1%로 나타났다.

정찬 기자 jchan@polinews.co.kr 2015.08.26

또다시 사람 사는 세상을 꿈꾸며

사람 인(人).
무엇이 인간을 인간답게 만드는가?
요즘 저를 사로잡고 있는 화두입니다.

'사람 인(人)'은, 허리를 굽혀 노동하는 사람의 옆모습을 본뜬 것이라고 합니다.

인간의 삶에서 노동이 얼마나 큰 비중을 차지하는지 이 한 글자로도 알 수 있습니다.

우리는 노동에서 밥뿐만 아니라 삶의 의미와 가치까지 부여받습니다.

하지만 요즘 대한민국에서는 바로 이 '일(勞)' 때문에 많은 국민들이 고통받고 있습니다.

일하고 싶지만 일하지 못하는 사람, 일하지만 정당한 대가를 받지 못하는 사람, 너무 많은 일로 삶의 여유를 뺏긴 사람, 언제

일을 뺏길지 몰라 전전긍긍한 사람…….

그런 사람들로 가득한 세상에서는 결코 인간 본연의 행복과 가치를 찾을 수 없을 겁니다.

한편 '사람 인(人)'에 대한 다른 풀이도 있습니다.

사람과 사람이 만나 서로 기댄 모습이라고 합니다.

혼자서는 일어설 수 없으므로 두 사람이 서로 지탱하고 있습니다. 이 한 글자에서, 사람은 함께 존재할 때 행복하다는 사실을 깨닫습니다. 하지만 요즘 우리는 '인간다운' 삶에서 너무나 멀어져 있습니다.

약육강식, 무한경쟁, 승자독식, 적자생존…….

이와 같은 무시무시한 현실이 우리 삶을 짓누르고 있습니다.

이것은 사람 사는 세상이 아닙니다. 맹수와 초식동물이 사투를 벌이는 정글입니다.

저는 행복에 대한 생각을 할 때면 곧잘 『꽃들에게 희망을』이란 동화를 떠올립니다.

그 끝에 뭐가 있는지도 모른 채, 위로만 위로만 기어오르는 애벌레들.

우리의 일상도 이 애벌레들과 크게 다르지 않습니다.

꼭대기에만 오르면 행복해질 수 있을 것처럼 타인을 밟고, 밟고, 또 밟아 오릅니다.

하지만 그렇게 사투를 벌이며 올라간 꼭대기에서 무엇을 보았던가요?

깊은 허무.

그곳에는 아무것도 없습니다.

외로이 홀로 서 있는 자기 자신을 발견할 뿐입니다.

지구상에는 이미 모든 사람의 의식주를 해결하고도 남을 만큼 재화가 넘칩니다.

그런데도 사람들은 경쟁을 멈추지 못합니다.

가난한 사람은 더 가난해지고, 부자는 더 부유해지는 세상에서 '더불어 잘살기'란 꿈같은 얘기일지 모르겠습니다.

하지만 저는 포기하지 않습니다.

일자리를 찾아 헤매는 사람, 밥을 먹으면서도 다음 끼니를 걱정하는 사람, 살 집을 찾아 메뚜기처럼 뛰어다니는 사람…….

그들의 삶을 보듬지 못한다면 그것은 정치가 아니기 때문입니다.

삶이, 내 옆의 사람이, 굴레처럼 여겨지지 않는 세상으로 가는 방법은 없을까요?

그 첫발자국으로 저는 대한민국의 '집'에 주목했습니다.

집 없는 자의 설움과 집 있는 자의 불안감으로 민생은 도탄에 빠졌습니다. 청년들은 집이 없어 결혼을 포기하고, 장년들은 집 담보 대출금에 허덕이고 있습니다.

만약 이 집 문제가 해결된다면 우리는 보다 희망적인 삶을 살 수 있지 않을까요?

그 오랜 고민과 꿈을 이 책에 담았습니다.

2015년 12월 정재호

PART **1 눈으로 보고 마음에 새긴 덕양구**

PART 2 행복을 잃은 사람들

PART 3 논쟁은 그만! 자존감의 회복

눈으로 보고
마음에 새긴
덕양구

공감과 소통의 도시

엄마와 아이가 행복한 도시

청년의 희망과 열정이 꿈틀대는 도시

오랜 역사와 소중한 문화가 살아있는 도시

대한민국 국민 모두가 살고 싶어 하는 도시

정재호의 오랜 숙원입니다

정재호가 거리에서 만난 사람들 ······

"덕양구는 참 애매해요. 고양시에 구(區)가 세 개 있잖아요? 일산동구, 일산서구, 덕양구. 그런데도 사람들이 일산은 알아도 덕양구는 몰라요. 덕양구가 일산동구, 서구를 합친 것보다 더 큰데도. 제 친구는 지금까지 일산이 시(市)인 줄 알았대요. 고양시에 산다고 하면 고개를 갸웃하다가도 일산이라고 하면 금세 알아듣죠. 그래서 그냥 일산에서 산다고 해요. 그럼, 또 이렇게 따지는 사람이 있어요. 일산도 아니면서 왜 일산이라고 하냐고. 덕양이란 동네 자체가 존재감이 없으니까 그런 일이 벌어지는 거죠."

3호선 화정역에서 만난 30대 직장인 여성.
우리 주민들이 덕양 구민으로서 자부심을 갖게 할 방안이 없을까?
오늘도 내 고민은 깊어만 간다.

노스탤지어가 사라진 대한민국 도시들의 자화상

한 무리의 아이들이 제 곁을 쌩하니 지나쳐 갑니다. 가을 공기를 들뜨게 하는 아이들의 웃음소리가 제 심장에 콕콕콕 박혀듭니다. 그 웃음에 전염된 것처럼 제 입가에도 슬그머니 미소가 번집니다.

그리고 머릿속으로 하얀 스크린이 떠오릅니다. 수천수만 번 상영하여 이제는 낡디 낡은, 그러나 언제나 그리운 유년의 기억이 영화처럼 펼쳐집니다.

저는 대구 달성군의 어느 작은 시골에서 태어나 자랐습니다.
대덕산 주봉이 한 눈에 바라보이는 월배면 농촌마을에서 삼형제의 막내로 태어났지요.
그 시절의 기억을 떠올리자면 항상 왁자지껄한 함성소리와 웃음소리가 귓가를 맴돕니다.
마치 재미난 동화처럼, 매일매일 어떤 놀이를 할까, 어떤 장난을 칠까, 고민했던 더없이 유쾌하고도 신났던 일상이었지요.

지금은 많이 변해서 그 시절의 흔적은 찾을 수 없습니다.

하지만 당시의 풍경은 제 기억 속에 오롯이 남아있습니다.

"네가 태어나고 살던 곳은 어땠느냐?"

누군가 묻는다면 몇날며칠을 밤 새워 얘기해도 끝내지 못할 겁니다. 그리고 이야기 말미에는 이렇게 말하겠지요.

"저는 그곳에서 참 행복했습니다."

그러자 갑자기 궁금해집니다.

방금 전 제 곁을 스쳐 지나간 아이들에게 덕양구는 어떤 곳일까?

먼 훗날, 누군가가 '네가 태어나고 살던 곳'에 대해 묻는다면 뭐라고 대답할까?

이곳 덕양을 마음의 고향처럼 오래오래 떠올릴 수 있을까?

"당신이 사는 곳은 어떤 곳입니까?"

이 질문을 받은 프랑스 파리의 시민들은 에펠탑과 루브르박물관, 개선문 등을 얘기하며, 파리가 얼마나 유서 깊고 문화적인 도

시인지 우쭐해하며 말하겠지요.

스위스 알프스산 자락에 사는 사람들은 자신이 매일 바라보는 자연 풍광이 얼마나 아름다운지에 대해 이야기할 것입니다.

7년째 '살기 좋은 나라' 1위에 오른 노르웨이 국민들은 자국의 복지혜택을 말하며 그들의 풍요로운 삶에 대해 자랑할 거고요.

그렇다면 이곳 덕양구에 사는 주민들은 뭐라고 대답할까요?

세계적으로 유명한 도시들. 우리가 여행가고 싶다고, 살고 싶다고 손꼽는 도시들을 한 번 떠올려 봅시다. 그 도시들은 하나같이 유서 깊고, 문화적이며, 자연 친화적이고, 교육 환경이 좋습니다. 도시 자체가 커다란 부(富)를 창출합니다. 공장 하나 없어도, 자동차 한 대 만들지 않아도, 스마트폰 하나 수출하지 않아도 풍요롭습니다.

무릇 훌륭한 행정가라면 자신이 살고 있는 지역이 그렇게 되기를 소망할 겁니다. 아니, 소망하는 것만으로는 부족합니다. 반드시 그렇게 만들어져야 합니다. 그러면서 저의 고민은 깊어만 갑니다.

덕양의 문화, 덕양의 역사, 덕양의 경제, 덕양의 교육, 덕양의 그 무엇!

아이들이 자부심 가득한 목소리로 제 집과 제 마을을 자랑할 수 있도록 가치를 만들어야만 합니다!

"당신이 살고 있는 곳은
어떤 곳인가요?"

민족의 혼(魂)이 깃든 덕양산 행주산성

저는 산을 좋아합니다.

산의 한결같음을 아끼고, 산의 늠름한 기상을 흠모합니다.

그러나 산을 잘 오르지는 못합니다.

그저 멀리서 바라보는 것으로 만족할 때가 많지요.

제가 등산을 못 하는 이유는 고질적인 허리 통증 때문입니다.

운동권 시절, 고가도로 점거 집회 중 육교에서 뛰어내렸다가 허리를 다쳤습니다. 지금 생각하면 그야말로 무모하기 짝이 없는 위험천만한 행동이었지요.

그러나 육교 아래에서 팔을 벌리고 있는 동지에 대한 믿음 이 있었기에 주저 없이 뛰어내렸습니다. 불행히도 낙하속도와 체중을 이기지 못한 탓에 저는 아스팔트 맨바닥에 내동댕이쳐지고 말았지요.

그때 육교 아래에서 저를 받아든 사람이 바로, 인권활동가로 유명한 박래군 선배입니다. 최근 세월호 집회로 인해 한차례 옥

고를 겪기도 했지요.

안타까운 현실입니다. 세월호 사건의 실질적인 가해자들은 사과 한 마디 없이 잘 먹고 잘사는데, 희생자들과 유가족들 편에 섰다는 이유로 구속하다니요.

게다가 그는 인권활동가입니다. 인권활동가가 인권을 위해 활동한 것이 죄가 되는 세상. 그것이 지금 대한민국의 현주소입니다.

어쨌든 그 일로 등산을 즐기지는 못하지만, 여전히 저는 산을 사랑합니다.
<u>그리고 산과 닮은 사내가 되고자 애쓰고 있습니다.</u>

덕양구에도 여러 명산이 있습니다. 그중 덕양구와 이름이 같은 덕양산은 여러모로 뜻 깊은 산이기에 각별히 아낍니다.

임진왜란 당시, 고작 2,300여 명의 병사로 무려 3만여 명의 왜군을 물리친 행주대첩. 그 격전지였던 행주산성이 있는 곳이기 때문입니다.

대한민국 국민이라면 누구나 행주대첩에 대해 들어보았을 겁니다. 만약 그날의 승리가 없었더라면 조선과 우리 선조들의 운명은 어찌되었을지 모릅니다. 당연히 21세기 대한민국의 오늘도

점칠 수 없겠지요.

그런데 그 유서 깊은 역사의 현장에 오른 사람들은 깜짝 놀랍니다. 아무리 둘러보아도 머릿속에 그리고 있던 산성의 모습을 찾아볼 수 없기 때문입니다.

흔히 산성이라고 하면 단단한 돌을 올려 쌓은 성곽을 떠올립니다. 그런데 행주산성은 석축 대신 흙으로 쌓아올린 토성과 경사진 언덕을 이용한 토축산성입니다. 언뜻 봐서는 길을 닦아놓은 언덕바지 같습니다. 그러니 사람들이 당황할 수밖에요.

"아니, 우리가 역사책에서 배웠던 행주대첩의 그 역사적 현장이 이렇게 초라했단 말이야?"

어떤 이들은 이렇게 실망할지도 모르겠습니다.

그러나 저는 420여 년 전 당시를 떠올리면 가슴이 먹먹하고 숙연해집니다.

우선 열악한 조건에서도 전쟁을 승리로 이끈 권율 장군의 지략과 기개에 경의를 표합니다.

당시 왜군은 포르투갈의 최신식 무기인 조총을 들고 쳐들어왔습니다. 그런 상황에서 3,000여 명도 되지 않는 병력으로, 그보다 10배나 많은 3만여 명의 왜군을 물리쳤으니 얼마나 훌륭한 리더입니까.

『연려실기술(燃藜室記述)』에서는 권율 장군에 대해 "사람을 통솔하는 데 능하고 화애(和愛)하나 성실하며, 엄하지만 노하지 않았다. 따라서 잘 복종했고, 급한 일이 생기면 의지하게 되었다." 라고 기록했습니다.

저 또한 그러한 정치인이 되겠다고 여러 번 다짐했습니다.

그리고 이곳 행주산성에는 우리 민족의 '불굴의 혼(魂)'이 깃들어 있습니다.

권율 장군이 아무리 뛰어난 장수였다고 한들, 나라를 구하고자 분연히 일어선 민중이 없었더라면 승리할 수 있었을까요?

나라를 지키기 위해 붓과 괭이와 목탁과 밥주걱을 집어던진 채 전쟁의 아수라장으로 뛰어든 민중.

특히나 덕양산성 인근에 살았던 여인들의 활약은 놀랍기만 합니다.

계속되는 전투로 화살이 떨어지자 여인들은 치마를 짧게 찢은 후 돌을 날라서 병사들에게 전했습니다. 행주치마란 말이 여기에서 유래했다고 합니다.

신식무기 앞에서도 결코 굴복하지 않는 병사들, 그 병사들을 위해 돌을 나르는 부녀자들. 그 모습을 지켜보던 오랑캐 장수들

은 모골이 송연했을 겁니다. 3만 명, 아니 더 많은 병력으로도 조선의 민중은 이길 수 없으리라 직감했겠지요.

그들이라고 성을 기어오르는 오랑캐의 새까만 머리들이, 그들의 손에 들린 신식무기들이 왜 무섭지 않았겠습니까.

하지만 나라를, 마을을, 이웃을, 가족을 지켜야만 한다는 강력한 의지.

임금이 백성을 저버리더라도, 자신들은 외세에 굴복하지 않겠다는 불굴의 저항정신.

민중이야말로 임진왜란을 승리로 이끈 진짜 주인공들입니다.

그리고 그 역사적 현장이 바로 이곳 덕양이라는 사실에 무한한 자부심을 느낍니다.

너나 할 것 없이 '살기 힘들다'고 아우성치는 이때.

21세기 덕양에서도 우리 구민들이 힘을 모아 또 한 번의 변화가 일어나야 합니다.

행주대첩을 승리로 이끈 권율 장군의 말씀.

"전쟁에 패해본 자만이 승리할 수 있다."
살아가면서 무수한 실패와 좌절을 맛봅니다.

가끔은 뒤에서 떠밀기도 하고, 돌부리에 걸려 나동그라지기도
합니다.

그러나 스스로 무릎 꿇지는 않을 겁니다.

다시 한 번 주먹 불끈 쥐고 일어나, 지금까지 걸어온 길을 묵묵
히 걸어갈 것입니다.

덕양구의 역사 자취를 찾아서…

일제치하에도

독재정권에도

언제나 그러했듯이

우리 역사는

바른 길을 찾아

갈 것입니다

3 · 1운동 만세가 울려 퍼지는 행주나루터에서
다시 시작된 역사

역사는 과거와 현재의 끊임없는 대화이다! - E. H. 카

제가 참 좋아하는 말입니다.

역사란 간단히 말해 '과거의 기록'입니다. 이미 지나간 일이지요. 그래서 어떤 사람들은 이렇게 말할지도 모릅니다.

"아니, 오늘 살기도 바빠 죽겠고, 미래를 생각하기에도 부족한데 뭐하려고 과거까지 챙깁니까? 과거는 과거일 뿐, 그냥 흘려보냅시다."

그러나 과거가 없으면 현재 또한 없습니다.

우리가 역사를 공부하는 이유.

과거의 일을 과거로 묻어두지 않고, 끊임없이 파헤치고 소환하여 대화를 나누려는 이유.

저는 이렇게 생각합니다.

온고지신(溫故知新)!

과거를 알아야 현재를 알 수 있고, 나아가 미래를 계획할 수 있기 때문입니다.

덕양에는 행주산성 말고도 역사적인 유적지와 유물이 많습니다. 그 중 3·1운동 당시 유일하게 선상(船上) 만세운동이 펼쳐진 행주나루터를 빼놓을 수 없습니다.

1910년에 한일강제병합이 이뤄진 후, 일본은 정치·경제·문화·사회 전 분야에 걸쳐 억압과 수탈을 자행했습니다. 이에 조국의 독립을 염원했던 선조들은 3·1운동을 펼치게 되었지요.

거리를 뒤덮은 태극기 물결.

집안 어딘가에 꽁꽁 숨겨뒀던 태극기를 찾아들고서 모두 거리로 쏟아져 나왔습니다. 태극기가 없는 이들은 가물거리는 기억을 더듬어 손수 태극기를 그렸습니다. 그 모습은 마치 오늘날의 촛불시위와 닮지 않았나 생각해 봅니다.

불의에 맞서는 저항정신과 자유를 향한 외침.

덕양의 선조들은 일본 순사의 조총 앞에서도 굴복하지 않았습니다. 밀리고 밀려서 결국에는 선상까지 도망쳤지만, 그곳에서도 조국의 독립과 자유를 부르짖었습니다.

제아무리 총칼로 쓰러뜨린들 조국 독립을 향한 열망까지는 앗아갈 수 없었습니다.

선조들은 조총에 맞아 쓰러질지언정 손에서 태극기를 놓지 않았습니다.

민족의 독립의지와 항일정신은 국내뿐만 아니라 해외까지 퍼져나갔습니다.

3·1운동이 없었더라면 우리나라의 독립은 보다 요원했을지도 모릅니다.

우리는 잊지 말아야 합니다.
울지 않는 아이에게는 젖을 주지 않습니다.
저항하지 않는 자에게 자유란 없습니다.
불의에 대해 말하지 않는 사회 또한 정의롭기는 힘듭니다.

역사는 우리에게 많은 가르침을 줍니다.
역사를 소중히 여기지 않는 사회는 밝은 미래를 향해 나아갈

수 없습니다.

그래서 우리는 이미 흘러가버린 시간일지라도 끊임없이 소환하고 붙들어 질문을 던져야 합니다.

올해 행주나루터에서는 민족문제연구소의 기획으로 96년 전의 '선상만세시위'가 재현되었습니다.

훼손된 「3·1 독립선언서」와 「2·8 독립선언서」, 「대한독립여자선언서」 등의 역사적 가치가 높은 독립선언서 16건을 복원, 복제하는 데 성공했다는 기쁜 소식도 들렸습니다.

하지만 어처구니없는 일도 벌어지고 있습니다.

어디선가 8월 15일을 광복절이 아닌 건국절로 명칭을 바꾸자고 주장합니다.

우리나라 헌법 전문에는 "유구한 역사와 전통에 빛나는 우리 대한민국은 3·1운동으로 건립된 대한민국임시정부의 법통과 불의에 항거한 4·19 민주이념을 계승하고……"라고 분명히 밝히고 있습니다.

따라서 1948년 8월 15일을 건국일로 삼는 것은, 3·1운동 정신과 조국 독립에 일생을 바친 독립투사들의 희생을 헌신짝처럼 내던지는 것과 같습니다.

그렇다면 왜 그들은 대한민국 헌법을 부정하면서까지 건국절을 주장하는 걸까요?

그들의 가계(家系)를 따져봐야 합니다. 일제치하와 해방 이후, 군사독재 시절에 그들의 선조들이 무엇을 했는지…….

지금도 행주나루터에서는 '대한독립만세'의 함성이 울려 퍼지는 듯합니다.

독립선언서와 함께 어떠한 외압에도 굴하지 않았던 그 정신까지 복원되었기를 기대합니다.

행주산성 기념비 앞에서…

다수의 국민이 반대하는
국사 교과서 국정화를
강행하는 이유를 모르지 않습니다.
그러나 어떠한 꼼수로도 역사의 도도한 흐름을
되돌릴 수는 없습니다.
당신들이 왜곡하고 감추려고 하면 할수록
역사의 진짜 얼굴은 우리 앞에 더욱
드러날 것입니다.

덕양은 역사, 문화의 도시다

덕양구청 홈페이지에 들어가면 이러한 글귀를 찾을 수 있습니다.

"북한산의 굳센 기상을 동으로 하고, 한강의 온화함을 서로 하여, 예부터 빼어난 자연경관과 풍요로운 곡창지대로 이루어진 고장. 역사와 사회, 문화 등 여러 분야에서 오랜 전통이 살아 숨쉬며, 200여 점의 문화유산은 나름대로의 독특한 자취가 서려 있는 자랑스러운 고장."

이처럼 덕양구에는 많은 역사유적과 문화유산이 전해지고 있습니다.

외세에 항거하는 민족의 얼이 깃든 행주산성과 행주나루터, 조선시대 여러 왕과 왕비의 능이 있는 서오릉, 가사문학(歌辭文學)의 대가인 송강 정철의 문학세계를 엿볼 수 있는 송강 마을, 고려의 명장이자 충신인 최영 장군의 묘…….

재미난 설화가 있는 박태성 효자묘와 호랑이석상, 용두리의 아기장수와 용마, 난점의 장사와 홍장사, 동산리의 밥할머니, 주교리의 병풍바위, 대장리의 의견비…….

구(區) 하나에 전설이 이렇게 많은 고장도 드물 겁니다.

어디 그뿐인가요. 전해져오는 전통 민속놀이도 많습니다. 송포 호미걸이, 성석 진밭 두레패 농악놀이, 십이지신 불한당 몰이 놀이……

게다가 고양시는 한반도 최초로 볍씨를 뿌려 농사를 지은 곳이라고 하니, 얼마나 유서 깊은 고장인지 알 수 있습니다.

덕양구의 역사와 문화를 알아갈수록 마치 이곳에서 태어나고 자란 것처럼 흐뭇합니다.

덕양을 역사와 문화 도시로 발전시켜야 한다는 사명감이 불끈불끈 샘솟습니다.

'내가 살아가고 있는 곳이 고향' 이라고 했던가요?

그렇다면 덕양은 제 고향입니다!

알수록 살수록 '볼매' 인
덕양 능곡에 생태도시를 조성한다면?

더 기쁘게!
더 즐겁게!
더 따뜻하게!

우리의 가슴과 삶터가
사랑과 기쁨,
즐거움과 온기로
채워질 수 있도록!

생태도시를 꿈꾸다

길을 걷고 있었습니다.

어디선가 들려오는 비명소리에 소스라치게 놀랐습니다.

앳된 여학생이 손으로 입을 가리며 눈물을 글썽였습니다.

도로 한가운데에 검은 고양이 한 마리가 내장을 쏟은 채 죽어 있었습니다.

길고양이에게 안전하지 않은 도시.
과연 우리 아이들에게 안전할까요?

엠마 브라이스는 「꿀벌 실종 사건」이라는 동영상을 만들었습니다.

우리 주변에서 꿀벌이 점점 사라지고 있다는 경고를 담았습니다.

만약 지구에서 꿀벌이 멸종된다면 어떤 일이 벌어질까요?

단순히 꿀을 먹지 못해 아쉽다는 문제만 있을까요?

세계 식량의 3분의 1이 곤충의 꽃가루받이에 의해 생산됩니다. 그리고 꿀벌이 그 임무의 80%를 담당합니다.

따라서 꿀벌이 사라진다면 식물 번식이 어려워질 테고, 우리 식탁 역시 빈곤해질 수밖에 없습니다.

그렇다면 왜 꿀벌이 사라지고 있는 걸까요?

공기를 정화시키기 위해 거리마다 가로수를 심습니다.

하지만 거리에 심는 가로수보다 더 많은 수의 나무를, 개발이라는 명목으로 뿌리째 뽑고 있습니다.

파릇파릇 푸르러야 할 가로수의 이파리는 매연으로 누렇게 시들었습니다.

길을 걸을 때마다 탁한 공기에 숨이 턱 막힙니다. 인간은 숨 쉬지 않고서는 살 수 없는 존재인데도 말입니다.

4대강에 도시적이면서도 세련된 별명이 붙었습니다.

녹조라떼.

멀쩡히 잘 흐르는 강에 콘크리트를 부어 막았더니 썩어서 녹조가 꼈다고 합니다.

물고기들이 흰 배를 드러내고 둥둥 떠오릅니다.

초록빛으로 푸르러야 할 것은 산(山)이지 강(江)이 아닙니다.

물고기가 마시고 죽은 물을 인간이라고 마실 수 있을까요?

『혼자만 잘 살믄 무슨 재민겨』

제가 좋아하는 책 제목입니다.

하지만 저는 더불어 사는 삶이, 재미의 문제만은 아니라고 생각합니다. 인간은 더불어 살지 않으면 결국 제 자신의 목숨줄 마저 끊기고 맙니다.

그래서 저는 이렇게 말하고 싶습니다.

"혼자만 잘 살믄 죽능겨."

'삶이란 그 무엇인가에, 그 누군가에게 정성을 쏟는 일!'

그 책의 첫 장에 나오는 글귀입니다.

어릴 적에 저는 마을 사람들이 이웃에게, 집 안팎 구석구석에,

마을과 그 마을을 둘러싼 모든 것에 정성을 기울이는 것을 보았습니다.

저희 할머니는 세상 모든 것에 정성을 쏟고, 또 쏟아서, 하다못해 항아리 뚜껑도 매일같이 닦았습니다.

저에게 생태도시란 이러한 것입니다.

함께 살아가는 곳!

함께 살아야만 살 수 있는 곳!

이웃과 동물과 공기와 흙과 물과, 서로 다른 모든 것이 한 데 어우러져 사는 세상.

서로가 서로에게 정성을 쏟는 곳!

아침마다 창가에 떠오르는 태양을 바라보며 꿈을 키웁니다.

이곳에 세계적인 생태도시가 조성이 된다면!

하늘을 가릴 만큼 높게 치솟은 빌딩과
개미떼처럼 새까맣게 늘어선 도로 위의 차들.
그 빌딩이 키 높은 나무라면,
꽉 막힌 도로가
맑은 물 졸졸졸 흐르는 하천이라면!

·· 대통령의 밥값은 누가 낼까

생태도시(Ecological Polis)란?

사람과 자연, 혹은 환경이 조화를 이루며 공생할 수 있는 시스템을 갖춘 도시를 말한다.

1992년 브라질의 라우데자네이루에서는 지구 환경보전 문제를 협의하기 위해 회의가 열렸다. 바로 이 리우회의에서, 도시를 하나의 유기적인 생태계로 인식하는 새로운 패러다임이 제시되었다.

바로 '생태도시' 라는 개념이다!

좀 더 자세히 들여다보면, "환경적으로 건전하고 지속가능한 개발(Environmentally Sound and Sustainable Development : ESSD)" 이라는 전제 아래, 도시지역의 환경 문제를 해결하고, 환경 보전과 개발을 조화시키자는 도시개발계획이라 할 수 있다.

유형별로 나눠보면, ① 다양한 생물이 서식하는 환경을 조성한 생물다양성 생태도시 ② 폐기물 처리가 환경친화적이며 무공해 에너지를 생산·사용하는 자연순환체계가 확립된 자연순환성 생태도시 ③ 시민의 편의가 최대한 배려되고, 주택·교통·인구 등의 도시 구성요소를 상호 고려하여 계획 조성된 지속가능성 생태도시 등이 있다.

세계의 생태도시들을 구경합시다!
그리고 배웁시다!

■ 브라질의 쿠리치바

교통정책 만족도 세계 1위, 도시 내 공원녹지 비율 세계 2위. 2008년에 국제연합환경계획(UNEP)으로부터 우수환경상과 재생상을 받았다.

사실 브라질 남부에 위치한 쿠리치바는 여느 개발도상국의 도시들처럼 급속한 공업화와 인구증가로 환경오염이 심각했다. 하지만 우수한 교통체계와 친환경 도시계획으로 지금은 '지구에서 환경적으로 가장 올바르게 사는 도시'라고 불린다.

쿠리치바의 거리는 자동차가 아닌 사람이 중심이다. 대도시에서 흔히 볼 수 있는 고가도로나 지하도를 전혀 볼 수 없다. 원래 차도였던 곳은 현재 보행자 거리로 바뀌었다. 대신 전기엔진으로 움직이는 굴절형 버스가 사람들을 실어 나른다. 이로써 대규모 지하도와 도로 건설에 따른 환경 파괴를 막았다.

또한 재활용쓰레기를 시청으로 가져오면 농산물이나 생활용품으로 바꿔주는 등, 여러 가지 친환경 정책을 펼치고 있다.

■ 독일의 프라이부르크

프라이부르크는 독일의 유명한 삼림지대인 슈바르츠발트 인근에 위치하고 있다. '슈바르츠발트(Schwarzwald)'는 우리말로 '검은 숲'이란 뜻이다. 햇볕이 들지 않을 만큼 나무가 빽빽하게 들어서서 붙은 지명이다.

하지만 1970년대에 대기오염과 산성비로 숲이 훼손되자, 프라이부르크 시민과 환경단체들은 '숲 살리기 운동'에 앞장섰다. 이에 시민들은 자가용 대신 자전거를 이용하기 시작했다. 시 정부에서도 자동차 억제 정책을 도입하여, 도심상가 지역에 자가용 진입을 금지하였다. 또한 독일 최초로 자전거 전용도로를 만드는 등 시민들의 자전거 이용을 독려하였다. 따라서 프라이부르크에는 주차장보다 자전거보관소가 더 많다.

또한 프라이부르크는 '태양의 도시'라는 별명이 붙었을 정도로 태양열 에너지를 적극 활용하고 있다. 1975년에 독일 정부가 시 외곽에 원자력발전소를 건립하려고 하자, 원전 반대운동이 거세게 일어났다. 결국 원전건설 계획은 백지화되었고, 이를 계기로 태양열에너지 개발에 힘을 쏟게 되었다.

■ 쿠바의 아바나

흔히 생태도시는 선진국에서나 가능한 것이라고 생각한다. 또한 도시는 공업, 시골은 농업이라는 이분법적 사고를 지니고 있다. 하지만 쿠바의 수도 아바나는 이 모든 통념을 통쾌하게 깼다. 아바나는 친환경 농업으로 유명한 생태도시이며, 쿠바의 농산물은 대부분 유기농이다.

소련을 비롯한 사회주의국가의 연이은 붕괴와 미국의 경제 봉쇄정책으로 쿠바는 극심한 경제난과 식량난에 시달렸다. 이에 정부는 가정마다 텃밭을 일궈 농작물을 가꾸도록 정책을 펼쳤다. 친환경 농업을 하게 된 배경 역시 미국의 무역 봉쇄로 농약과 화학비료를 쓸 수 없었기 때문이다. 하지만 결과적으로는 열악한 조건 속에서 창의적인 아이디어가 나오게 되었고, 지금은 세계적인 생태도시로 손꼽히게 되었다.

■ 스위스의 취리히

2012년 '세계에서 가장 살기 좋은 도시' 2위에 올랐다. 취리히가 생태도시로 꼽히는 가장 큰 이유는 생태하천에 있다.

과거 취리히는 유명한 공업도시로 심한 수질오염에 시달렸다. 이에 취리히는 도심을 가로지르는 리마트 강을 자연하천으로 복원하기로 결정했다. 1985년부터 콘크리트를 제거하기 시작, 자연 그대로의 생태하천으로 되돌려놓았다. 또한 단순히 수질을 개선하는 차원을 넘어서서 하천의 생물들이 피해 입지 않도록 생태 보전학적인 관점에서 철저히 조사하고 대책을 마련하였다. 이후 산업폐수가 흘러들어가지 않도록 철저히 감시하고 있다. 지붕의 오염 물질이 빗물에 씻겨 들어가는 것을 염려해 인근 주택의 지붕을 친환경 재료로 교체했을 정도이다.

도심 한가운데에 커다란 어항을 만들어놓고서
생태하천이라고 자화자찬하던 그 누구.
멀쩡한 4대강을 살린다며 콘크리트를 쏟아 붓고서는
친환경 녹색성장이라 떠들던 그 누구.
왜 항상 부끄러움은 국민의 몫일까요?

청계천 연간 유지비 78억 원.
4대강 공사비 22조 원.
수도꼭지를 틀어놓은 것처럼 줄줄이 새나가는
국민들의 혈세.
왜 항상 고통은 국민의 몫일까요?

프로젝트 마스터 정재호는…

아직 마흔도 되지 않은 젊은 나이에 들어간 청와대.
자는 시간을 제외하면 아침부터 밤까지 온통
일의 연속이었지요.
그러나 좋은 세상을 만들고 싶다는 오랜 꿈을 실현하는
시간이었기에 저는 행복했습니다.
그런 저에게 노무현 대통령이 별명을 붙여 주었습니다.
"일 잘하는 정 비서관"
그 별명에 부끄럽지 않은 삶을 살아야 한다고,
매일 아침마다 거울을 보며 다짐합니다.

숫자로 보는 대한민국 현주소

3·5·7

▶ 시작은 3포(연애, 결혼, 출산 포기)였다. 이후 5포(3포+내 집 마련, 인간관계 포기)를 거쳐서 이제는 7포(5포+꿈, 희망 포기)에 이르렀다. 여기서 더 포기할 것이라고는 '목숨' 밖에 없다.

1,523

▶ 경제개혁연구소의 자료에 따르면 소득 상위 100명의 수입이 중간 소득자의 1,523배에 이른다고 한다. 예를 들어 중간 소득자가 월 250만 원을 번다면, 상위 100명은 월 38억 750만 원을 버는 셈이다. 경제적 양극화. 이보다 더 무서운 것은 심리적 양극화다!

710

▶ 대기업 사내유보금 710조 원. 2014년보다 38조 원이 증가했다. 대기업을 지원해줘도 더 이상 고용 창출과 투자로 이어지지 않는다는 반증이다. 대기업, 이제 그만 밀어주자. 마이 묵었다 아이가.

+5,051/-766

▶ 4대강 사업 이후 들어가는 정부 예산은 한국수자원공사의 공사비 빚 8조 원의 이자, 사업 구간 유지 및 관리 비용, 준설토 관리비용 등으로 매해 5,051억 원에 이른다. 하지만 4대강의 16개 보(洑)를 허물 경우, 보 관리비용과 농경지 침수 대응비용 등 매해 766억 2천만 원을 줄일 수 있다. 도대체 누구를 위한 4대강 공사였을까? 적어도 국민을 위한 것은 아니었다.

50%

▶ 현재 서울을 포함한 수도권에 살고 있는 인구는 무려 2,500만여 명. 전 국민의 50%가 경기도에 밀집해 있는 셈이다. 일본 역시 수도권 인구 집중 현상이 심각하지만, 30% 초반 수준에 불과하다. 적어도 사람들이 고향을 떠나는 이유가 '그냥 싫어서'는 아닐 것이다.

▶ 7년 연속 '세계 최고공항'으로 선정된 인천공항과 연간 3,000억 원의 흑자를 내는 KTX를 왜 민영화하려는 걸까? 참여정부의 공기업 민영화 사례는 단 '0'건이었다.

0

1

60

▶ 국제 언론감시단체인 '국경없는기자회'에 따르면 2015년 우리나라 언론자유지수는 60위. 2006년 참여정부 당시 31위였던 것에 비하면 무려 2배나 떨어졌다. 이명박 정부와 박근혜 정부에 이어 우리나라 언론자유지수는 단 한번도 40위권 안에 들지 못했다. 요즘 언론이 '찌라시'라고 불리는 이유이다.

▶ 우리나라가 11년째 세계 1위인 것이 있다. 바로 자살률. OECD 국가들의 평균 자살률이 10만 명 당 12.1명이라면 우리나라는 28.5명으로 두 배가 넘는다. 청소년 사망 원인 1위가 자살이요 노인 자살률 또한 세계 1위다. 살지 못해 죽는 사람, 죽지 못해 사는 사람. 누가 더 고통스러울까?

PART 2

행복을
잃은
사람들

'우주'는 한자로 '집 우(宇)'와
'집 주(宙)'를 씁니다.
집은 우주요, 우주는 집이라 할 수 있습니다.
우주란 어떤 곳입니까?
우리는 밤하늘의 별을 바라보며 꿈을 꿉니다.
우주는 햇빛과 비를 내려
우리의 생명을 살찌웁니다.
그런데 대한민국에는
'집' 없는 사람이 너무 많습니다.
집이 있다 하더라도
언제 늑대의 입김에 날아갈지 모르는
풍전등화(風前燈火)입니다.
그래서 생각했습니다.
능곡에 '우주처럼 영원한' 집을
만들자고.

정재호가 거리에서 만난 사람들 ……

●

"집이요? 뭐 내 명의로 된 집이 있긴 하죠. 그런데 진짜 주인은 내가 아니에요. 은행이지. 지은 지 20년 된 아파트를 3억 주고 샀어요. 은행 대출 2억 2천 빌려서. 한 달에 이자가 80만 원쯤 나가요. 흠, 80만 원짜리 월세에 산다고 해야 하나? 지금 시세가 3억 5천 정도 되니까 남들은 5천만 원 번 거 아니냐고 하는데, 그거 틀린 계산이에요. 어차피 이 아파트 팔고 다른 아파트로 이사 가려 해도 그만큼은 줘야 하거든요. 그러니까 집 한 채 갖고 있는 사람은 집값이 올라봤자 그게 그거란 말이에요. 오히려 나중에 자식들 커서 독립시키려면 비싼 집값 때문에 골치만 아프지. 곧 원금상환이 다가오는데 걱정이에요. 이자 갚기도 빠듯한데."

경기도 성남시에서 만난 어느 40대 가장.
자신을 '하우스푸어(House Poor)'라고 소개한 그는, 자기 같은 사람을 위한 대책이 있느냐고 물었다.
〈주주형 좋은 집〉이 그 해결방안이 될 수 있지 않을까?

저렇게 집이 많은데 왜 내 집은 없을까?

대학에 갓 입학한 스무 살이었습니다.

대구 촌놈이 서울에 올라와보니 세상에 이런 별천지가 없습니다. 대구 역시 광역시라 꽤 큰 도시라고 여겼는데, 서울과 비교하자니 대형마트 대(對) 동네 구멍가게더군요.

사람도 억수로, 집도 억수로, 차도 억수로…… 뭐든 억수로 크고, 억수로 많고. 그만 기가 팍 죽을 만도 했지만, 경상도 싸나이 자존심에 그건 또 용납할 수 없지요.

그래, 네가 넓어봤자 얼마나 넓겠느냐?

내 가슴만큼, 내 포부만큼, 내 꿈만큼,
크고 넓겠느냐?

그래서 친구와 함께 서울이 한눈에 내려다보인다는 남산에 올랐습니다.

하, 서울! 정말 크고 넓긴 하더군요.

대구 하늘의 별만큼 반짝반짝 빛나는 서울의 불빛들을 바라보자 제 가슴도 뜨겁게 불타올랐습니다.

그런데 함께 남산에 오른 친구놈이 한 마디 툭 내뱉었습니다.

"야, 진짜 집 많다. 그런데 내 집은 없네."

어디서 들은 말을 고대로 따라 읊조리는 친구 녀석의 어깨를 툭 치며 말했습니다.

"이제 스무 살밖에 안 된 놈이 뭔 집이고? 십 년만 있어봐라. 저 많은 집 중에 네 거 하나 없겠나?"

지금으로부터 십여 년 전.

택시를 타고 88올림픽 도로를 달리는데 택시기사가 제게 물었습니다.

"비서관님, 서울에 집 참 많지요? 그런데 왜 내 집은 없을까요?"

머리카락이 희끗희끗하고, 운전대를 잡은 두 손이 주름진 것을 보아 예순 살은 족히 넘어 보였습니다. 이십 년 동안 서울에서 택시를 몬 베테랑 운전기사라고 했습니다.

그런데 다리가 저릿저릿하도록 매일같이 운전했지만 집을 살

수 없었으며 서른 넘은 아들도 집이 없어 장가를 못 간다고 했습니다.

그분께 미안한 마음으로, 하지만 확신에 찬 목소리로 말했습니다.

"어르신, 조금만 기다리십시오. 이제 곧 대한민국에 자기 집 없는 사람이 없을 겁니다. 제가 그렇게 만들겠습니다."

그로부터 많은 세월이 흘렀습니다.

그때 그 친구는 결국 서울에 집을 갖게 되었습니다.

하지만 집 담보 대출금이 1억이 넘는다며 울상을 지었습니다.

그리고 그 기사님은 이후 뵙지는 못했지만, 여전히 집이 없을 겁니다.

아무리 계산을 해보아도, 택시운전만으로는 천정부지로 치솟는 집값을 감당하지 못할 성 싶기 때문입니다.

지난 십여 년 동안, 기사님과 한 약속을 단 한순간도 잊은 적이 없습니다.

반평생을 열심히, 성실히 일했지만 집을 살 수 없다면?

그건 개인의 탓이 아닙니다.

사회 전체가 책임지고 맡아야 할 문제입니다.

의식주(衣食住)는 살아가는 데 없어서는 안 될 필수요소입니다. 지금도 헐벗고 굶주리는 사람들이 존재하지만, 그래도 음식과 옷은 어느 정도 해결됐습니다.

하지만 집은 여전히 우리의 삶을 옭죄고 있습니다.

집 걱정 없는 세상 만들기!

십 년 동안 그 방법을 찾고, 또 찾았습니다.

그래서 구상한 것이 〈주주형 좋은 집〉입니다.

⋯ 대통령의 밥값은 누가 낼까

衣食住
입고, 먹고, 자고……
의식주는 우리 삶의 근간이다.
그러나 대한민국에서 집은
괴물처럼 서민의 삶을 집어삼킨다.

나쁜 두꺼비 vs 착한 두꺼비

동네 놀이터를 가로지르는데 익숙한 노랫소리가 발길을 붙잡습니다.

"두껍아, 두껍아. 헌 집 줄께. 새 집 다오."

어느 꼬마 아가씨가 엄마와 함께 모래놀이를 하고 있습니다.

혀 짧은 소리로 부르는 노래가 어찌나 정겹게 들리던지…….

한편, 이런 생각이 들었습니다.

'세상에 이런 두꺼비가 있다면 얼마나 좋을까?

낡은 집을 가진 사람에게 새 집을,

집 없는 사람에게도 새 집을.

집집마다 그런 두꺼비 한 마리씩 키운다면 참 좋겠다!'

2002년이 떠오릅니다.

당시 서울 시장이었던 이명박 대통령이 '뉴타운 재개발 사업'을 발표했을 때, 시민들은 모두 열광했습니다.

낡은 집을 허물고 새 집을 지어준다는데 누군들 기쁘지 않겠습니까.

마치 복두꺼비라도 들어온 것처럼 여겼지요. 그러나 2015년 현재, 그 누구도 뉴타운 사업을 반기지 않습니다.

복(福)두꺼비인 줄 알았는데 독(毒)두꺼비였습니다.

억 소리 나게 치솟는 부담금에 새 집은커녕 헌 집마저 뺏기게 생겼습니다.

보따리 둘러멘 세입자들은 싼 집 찾아 줄줄이 난민 행렬을 이어갑니다.

오순도순 정(情) 나누던 이웃들이 이제 욕(辱)을 나눕니다.

뉴타운의 장밋빛 거품이 꺼지는 것을 목도하며 마음이 아렸습니다.

꺼진 것은 거품이 아니었습니다.

주민의 꿈과 희망, 이웃 간의 사랑이었습니다.

그렇다면 독두꺼비를 다시 복두꺼비로 바꿀 수는 없을까요?

저는 주택 전문가도 아니고, 부동산 전문가는 더더욱 아닙니다. 그런데도 오랫동안 '집'에 대해 고민했습니다.

2006년이었습니다.

당시 참여정부는 국가균형발전위원회를 중심으로 '살기 좋은 지역 만들기'란 정책을 추진하고 있었습니다.

그런데 어느 날, 사회조정 비서관인 저에게 대통령의 지시가 떨어졌습니다.

「살고 싶은 마을, 살고 싶은 도시 만들기」라는 국정과제였습니다. 든든한 국민적 지지를 기반으로 한, 장기적인 사회경제 정책으로 발전시킬 수 있도록 방안을 강구하라는 것이었지요.

저는 당장 실천할 수 있는 방안으로 '매니페스토 운동 활성화'를 보고서로 올렸습니다.

만약 자치단체장들이 내건 공약이 그대로 지켜진다면, 「살고 싶은 마을, 살고 싶은 도시 만들기」는 저절로 이뤄질 것이라고 생각했기 때문입니다.

이 운동은 시민단체들의 지지를 기반으로 하여 국민적인 공감대를 이끌어냈습니다.

당연히 정치권에서도 이 운동의 당위성을 인정할 수밖에 없었지요.

이후 매니페스토 운동은 『공직선거법』 개정까지 이끌어내, 2010년 선거부터 적용되기에 이르렀습니다.

세기의 명장 히딩크가 이렇게 말했다지요.

"나는 항상 발전하고 싶고, 여전히 배가 고프다."

지난 십여 년 동안 제 마음이 그랬습니다.

이미 노무현 대통령에게 보고서를 올렸고, 소정의 성과 또한 거두었습니다.

하지만 그것만으로는 부족했습니다.

"매니페스토 운동 다음에는 무엇을 할 것인가?"

참여정부 시절이 끝난 후에도 이 화두는 오랫동안 저를 붙들고 놔주지 않았습니다.

흔히 인간의 수명이 늘어난 이유를 의학의 발전 덕분이라고 여깁니다.

하지만 주거환경 개선이 70%, 풍부한 식량이 20%, 의학의 발전은 10%정도밖에 영향을 끼치지 않았습니다.

제가 '집'에 주목하는 이유입니다.

십여 년 동안 뉴타운의 광풍과 역풍을 고스란히 지켜보며 생각했습니다.

   "뉴타운, 이대로는 안 된다. 새로운 돌파구가 필요하다."

   이제는 노무현 대통령이 내린 지시를 마무리 짓고 싶습니다.

단상 斷想

불효자

이런저런 일들로 바빠 끼니를 거르고 있는데 전화벨이 울렸습니다.

"밥은 뭇나?"

수화기 너머로 어머니의 걱정 어린 목소리가 들려왔습니다.

대답도 하기 전에 어머니가 재차 말을 이어갑니다.

"우야꼬?"

"머한다꼬 밥도 못 묵노?"

자식놈 목소리만 듣고서도 밥을 먹었는지 안 먹었는지

귀신처럼 알아차리십니다.

못미더운 자식놈은 슬쩍 거짓말을 합니다.

"밥 뭇심더."

"퍼뜩 밥 무라."

어머니는 이 한 마디를 끝으로 전화를 끊습니다.

세상일 걱정하느라 바쁜 막둥이는 되레 어머니를 걱정시킵니다.

잠시 짬을 내 식당에 들러 김밥 한 줄을 시켰습니다.

"어무이, 밥 자알 뭇심더."

하루를 시작하고 하루를 마감하는 집
집은 곧, 우리의 삶이다.
집 = 삶

갈등과 분열의 뉴타운

재개발 사업인 뉴타운은 도시재생사업의 일환으로 시작되었습니다.

2002년 당시 시장이었던 이명박 대통령이 강북 지역을 강남 못지않게 잘사는 동네로 만들어주겠다며 야심차게 추진했지요.

허름한 주택 단지들을 싹 밀어내고 대단지 고층아파트를 세울 것이라고 하니 주민들은 반길 수밖에 없었습니다.

실제로 뉴타운 지구로 선정되는 순간, 땅값이 폭등하곤 했습니다. '뉴타운 로또'라는 소리가 여기저기서 터져 나왔습니다.

뉴타운 지지에 힘입어 이명박 대통령은 서울 시장에 당선될 수 있었습니다.

이후 대통령에 당선될 수 있었던 것도 뉴타운 덕분이라 해도 과언이 아닐 겁니다.

뉴타운을 정치적 발판으로 삼은 이는 이명박 대통령뿐만 아니었습니다.

당시 수많은 정치인들이 선거철마다 '뉴타운 유치'를 공약으로 내세웠지요.

오죽했으면 '묻지 마 뉴타운 선거'라는 말까지 돌았을까요.

가장 큰 수혜자는 역시 한나라당(현, 새누리당)이었습니다.

2004년 총선에서 한나라당은 서울 49개 지역구 중 40곳을 싹쓸이했습니다. 이중 23명의 당선자가 뉴타운 공약을 내걸었습니다. 2006년 지방선거에서도 오세훈 서울 시장이 뉴타운을 50개로 확대하겠다는 공약을 걸어 당선됐습니다.

많은 유권자들이 뉴타운 사업의 기대감으로 한나라당을 지지했습니다.

그러나 시간이 흐르면서 뉴타운 사업의 폐단이 드러났습니다.

집값 상승과 전월세난 발생, 뉴타운 찬반에 따른 심각한 주민 갈등, 이권과 관련한 각종 소송들…….

주택 소유주에게는 분열과 갈등을, 세입자에게는 불안과 고통을, 오직 건설사에게만 이익을 챙겨주었습니다.

게다가 2008년 글로벌 금융위기로 인해 부동산 경기가 나빠지면서 뉴타운 사업은 그야말로 애물단지로 전락했습니다. 주택 소유주들조차 치솟는 자기부담금에 뉴타운 지정 해제를 요구하고 있습니다.

305개의 뉴타운 중 사업이 완료된 곳은 29곳에 불과합니다. 이 과정에서도 사업 추진을 원하는 주민과 반대하는 주민 사이의 갈등이 물리적 충돌과 소송으로 이어지고 있습니다.

심각한 것은 뉴타운 지정 해제 이후에도 문제 해결의 조짐이 보이지 않는다는 겁니다.

정비사업 해제 이후 가압류 소송 현황을 살펴볼까요?

21개 건설사가 37개 정비사업 해제 구역에서 주민 295명을 상대로 소송이 진행 중입니다. 특히 건설사가 매몰비용 회수를 위해 조합임원 등을 상대로 제기한 소송 금액은 무려 1,253억에 이릅니다.

경기도 역시 사정이 다르지 않습니다.

뉴타운 사업이 시행된 이후, 경기도에서는 뉴타운 지구로 선정된 구역이 총 23개였습니다. 그중 안양의 만안지구, 평택의 안정지구, 군포의 금정지구는 해제되었습니다. 따라서 현재 추진 중인 지구는 20개에 지나지 않습니다. 이들 중 2010년 12월 말까지 재정비촉진계획이 수립된 지구는 12개이며, 10개 지구에서 주민 소송과 시장실 점거 등, 뉴타운 사업과 관련한 갈등이 심화되고 있습니다.

결국 뉴타운으로 이득을 본 사람은, 일부 정치인과 부동산투기업자, 건설업자들 밖에 없습니다.

하지만 누구 하나 책임지지 않습니다.

주민들의 내 집 마련 꿈을 이용해
제 잇속을 챙긴 정치인들!
그들에게서 사과 한 마디라도
들어본 적 있습니까?

만약 누군가 마트에서 물건을 훔쳤다면 절도범으로 체포됩니다. 마트가 입은 손실이 크지 않더라도 죗값을 치러야 하지요. 고의가 아닐 때도 마찬가지입니다.

차를 몰고 가다가 실수로 사람을 치면 민·형사상의 책임을 집니다. 의도한 게 아닌데도 말입니다. 그러나 정치인들은 국민과 한 약속을 지키지 않아도, 잘못된 정책으로 수많은 국민을 고통 속으로 몰아넣어도 변변한 사과조차 하지 않습니다.

그렇다면 어떻게 책임을 물릴 수 있을까요?

투표밖에는 없습니다.

'권리 위에 잠자는 자는 보호받지 못한다.' 는 말이 있습니다.

참여 없는 비판은 불평에 불과합니다.

잘못된 정책 수행자나 헛공약을 남발하는 이에게는 더 이상 권력을 맡겨서는 안 됩니다.

옥석을 가리듯 제대로 된 정치인을 선별할 수 있어야 합니다.

정치인이 뻘짓거리 하지 않고, 민생을 잘 보살폈으면 좋겠지요?

그렇다면 투표가 가장 쉽고도 빠른 방법입니다.

토지와 주택 소유주에게는 갈등과 분열을,
세입자에게는 불안과 고통을,
오직 건설사에게만 이익을 챙겨주는 뉴타운!
일부 정치인들의 무책임한 공약 남발로
수년째 재산권 행사에 제한받고 있는 뉴타운!

정재호가 제안하는 〈주주형 좋은 집〉에
주목해주십시오!

프로젝트 마스터 정재호는…

창밖의 벚꽃이 유난히 화사하던 2006년 어느 봄날.
컴퓨터 모니터에 새 업무 지시사항이 떠올랐습니다.
당시 국정과제였던
「살고 싶은 마을, 살고 싶은 도시 만들기」를 일회성
이벤트가 아닌, 지속가능한 장기 정책 방안으로 추진하라는
노무현 대통령의 지시였습니다.
청와대를 나온 뒤에도 그것은 숙제처럼 저를 옭아맸습니다.
노무현 대통령이 내준 숙제.
이제 모든 분들에게 확인받고 싶습니다.
그분들에게서 '참 잘했어요' 도장을 받을 수 있을까요?

뉴타운 덫에 빠진 국민들을
구조하기 위해 정재호가 나섰습니다!

집이 바뀌면,

사람이 바뀌고,

마을이 바뀌고,

그것이 곧

'사람 사는 세상' 으로

바뀐다.

실패한 뉴타운의 해결책을
〈주주형 좋은 집〉에서 찾다

노무현 대통령이 남긴 숙제가 여전히 머리를 짓누르던 어느 봄날이었습니다.

지인(知人)이 저에게 사람을 한 명 소개시켜주겠다고 나섰습니다.

사실 정치를 하다보면 이런저런 사람들을 많이 만나게 됩니다.

물론 좋은 사람들도 많습니다. 하지만 개중에는 정치권에 들러붙어 무슨 이권이나 챙겨볼까 하는 음흉한 사람도 있기 마련입니다.

그래서일까. 선뜻 내키지 않았습니다.

지인에게 퉁명스레 물었습니다.

"뭐 하는 사람인데?"

"뭐, 이것저것 하는 사람이야."

"이것저것 하는 사람을 내가 왜 만나?"

"지금은 건설 쪽 일을 하고 있어."

건설 쪽이라니 더더욱 만나고 싶지 않았습니다. 어디 공사 수주라도 청탁하려는 모양이다 생각했습니다.

"아니, 도대체 건설업자를 내가 왜 만나야 하는데?"

"싫다고만 하지 말고 내 말 좀 들어봐. 어쩌면 그 형이 네 고민을 한 방에 해결해줄지도 모르니까."

내 고민?

속으로 뜨끔했습니다.

그렇게 해서 만난 사람이 김병천 대표입니다.

지금은 호형호제(呼兄呼弟)하는 사이가 됐지요.

김병천 대표, 아니 병천이 형은 처음 만난 자리에서 이렇게 말했습니다.

"국민 누구나 집을 갖자, 가져야 한다. 이게 제 생각입니다."

"그렇다면 얼마나 좋겠습니까? 우리 사회가 지닌 대부분의 문제가 해결되겠지요."

"헌법에 '행복추구권'이라는 게 있지 않습니까? 대한민국 국민이라면 누구나 행복해야 합니다. 그 헌법을 실천하자는 겁니다."

"하지만 그게 가능하겠습니까?"

좋은 말이긴 했지만 와 닿지는 않았습니다.

저는 그때까지 대한민국의 집 문제를 해결하기 위해 수많은 전문가를 만나왔던 터였습니다.

그때마다 커다란 장벽을 마주한 기분이 들었지요. 그 누구 하나 제 고민을 속 시원히 풀어주지 못했습니다.

그런데 김병천 대표가 단호한 목소리로 말하는 게 아니겠습니까?

"방법이 있습니다!"

그 방법이란 바로 「주주형 좋은 집」이었습니다.

그 구상은 탁월했고, 혁명적이었으며, 무엇보다 실현 가능한 것이었습니다.

십여 년간 저를 괴롭혔던 숙제가 단숨에 해결된 기분이었습니다. 우리는 첫 만남 이후, 1년 365일 중 360일을 만나다시피 했습니다.

그때마다 머리를 맞대고 〈주주형 좋은 집〉을 실현시키기 위한 구체적인 방안을 강구했습니다.

〈주주형 좋은 집〉의 기본 포맷은 다음과 같이 짰습니다.

· 대한민국 국민이라면 누구나 입주할 수 있다.

· 집값의 10%만 내면 10년 동안 임대료 걱정 없이 살 수 있다.

· 사는 동안에도 주거권을 자유로이 거래할 수 있다.

· 10년 후에는, 원할 경우 10년 전 시세로 등기 이전할 수 있다.

"정말 한 군데만 제대로 실현된다면 세상이 달라질 텐데 말이야."

병천 형이 탄식어린 어조로 말했습니다.

사실 병천 형은 인천 도화지구에서 이미 시도한 바가 있었습니다. 그러나 도화지구에서는 그 꿈이 제대로 실현되지 못했습니다. 단지가 협소한데다가 건설사의 수익중심구조로 민간임대주택이 공급되었기 때문입니다.

한 차례의 실패를 맛보았지만, 병천 형은 물러서지 않았습니다. 국토교통부를 찾아다니며 설득한 끝에, 정부도 이의 유효성을 인정하여 관련 법규까지 바꿨습니다.

저는 오랫동안 머릿속으로 구상했던 카드를 꺼냈습니다.

"병천 형, 결국 이 사업의 시작은 땅이 아니겠어요?"

"그렇지. 부지가 제일 중요하지. 그것만 마련되면 70%는 성공한 거나 마찬가지야. 법과 제도는 이미 마련돼 있으니까."

"그런데 민간임대주택법에 따르면, 정부 소유의 공공부지를 활용할 수 있다면서요?"

"응, 맞아."

"그렇다면 제가 사는 덕양구 능곡은 어때요?"

"능곡? 거긴 재개발 지역이잖아? 재개발 조합들이 난립해 있어서, 주민 동의를 얻기가 쉽지 않을 거야."

"물론 그렇죠. 하지만 능곡 재개발 지역이 약 22만 평인데, 이정도면 2만 세대는 지을 수 있잖아요?"

"그야 그렇지."

"그걸 한꺼번에 하지 말고, 일부 지역만 시범적으로 해보자는 거예요. 제가 조사해보니까, 능곡지구 주민 중 실소유주는 20% 정도밖에 안 돼요. 나머지는 다 세입자들이라고요. 무엇보다 이분들에게 혜택을 줄 수 있잖아요."

제 말에 병천 형이 고개를 가만히 끄덕였습니다.

'과연 주민들이 협조할까?'

무엇보다 이 사실이 중요했습니다.그래서 저는 여성모집원 12명을 선발, 6개 조로 나누어서 회원 가입 원서를 받아보기로 했습니다.

결과는 놀라웠습니다! 단, 2주 만에 6,000여 명의 덕양 주민들이 프로젝트에 참여할 뜻을 밝혀왔습니다.

저는 다른 지역 주민들의 반응도 알아보고 싶었습니다.

그래서 안양으로 가보았습니다. 이번에는 더 놀라운 결과가 기다리고 있었습니다.

2주 만에 7,000여 명의 가입 원서를 받은 겁니다!

내 집 없는 자의 설움.

전세금이 오를 때마다 메뚜기처럼 폴짝폴짝 싼 집을 찾아 헤맵니다. 그게 싫어서 대출받아 내 집을 장만합니다.

수십만 원의 이자를 낼 때마다, 원금 상환 날짜가 다가올 때마다, 깊은 한숨이 새어나옵니다. 내 집은 내 집인데, 해마다 재산세를 꼬박꼬박 내긴 하는데, 왠지 내 집이 아닌 것 같습니다.

은행에 세를 들어 사는 것 같습니다.

이 답답한 현실.

하지만 현실은 현실이니까 어쩔 수 없는 걸까요?

저는 그게 싫었습니다.

물론 첫술에 배부를 리는 없습니다.

숱한 시행착오가 기다리고 있을 겁니다.

하지만 시작해야만 합니다.

그래야 우리 사는 곳도 바뀔 수 있습니다.

나날이 각박해지는 세상.

하지만 사는 곳이 바뀌면 사람도 바뀝니다.

내 가족이, 내 이웃이, 내 동료가 버겁지 않은 세상.

이웃의 사다리를 걷어차지 않아도 되는 세상.

그 세상을 만들기 위해 아주 작은 첫발을 내딛고자 합니다.

세상에 없던 집.
그 새로운 희망의 집을 세웁니다.
그리고 먼 훗날,
이렇게 말할 수 있기를 고대합니다.
시작은 미약했으나 끝은 창대했노라!

Q & A
돋보기로 들여다보는 〈주주형 좋은 집〉이란?

한 마디로 쉽게 설명하자면 '집값의 10%를 내면 10년간 거주할 수 있고, 10년 후에는 10년 전 가격으로 소유할 수 있는 집'이라고 말할 수 있습니다.

도대체 그게 가능한 일인가? 정부의 입장은 무엇인가? 임대료가 갑자기 치솟을 위험은 없는가? 건설회사가 반대하지 않겠는가? 기존 세입자나 상인들은 어떻게 되는가? 여러 의문점이 들 것입니다.

〈주주형 좋은 집〉에 관한 의문점을 하나하나 풀어보겠습니다.

Q. 가능한 일인가?

예, 충분히 가능합니다. 〈주주형 좋은 집〉은 기존 주택사업과는 전혀 다른 방식의 사업입니다.

예를 들어 기존의 공동주택, 즉 아파트는 건설회사가 주역이었습니다. 건설회사가 땅을 사고, 아파트를 짓기 위해 이른바 '청약'이라는 것을 받았습니다. 사람들은 건설회사만 믿고, 아직 짓지도 않은 아파트의 계약금을 치렀지요. 중간에 중도금을 내고, 2~3년을 기다려 아파트가 완공되면 잔금을 치르고 입주합니다. 이후 개

인이 각자 등기 신청 후 소유권을 인정받았습니다.

하지만 〈주주형 좋은 집〉은 부동산투자회사인 리츠사(社)에 집값의 10%를 치른 후, 주주(株主) 자격을 얻습니다.

즉, 소유자나 임차인이 아닌 주주의 자격으로 아파트에 입주, 거주하는 것입니다. 이때 리츠사는 공동 주택의 건설, 분양, 관리를 모두 책임집니다.

예를 들어 '능곡 홀딩스'라는 리츠사가 있다고 합시다. 능곡 홀딩스는 적당한 부지를 물색하여 매입합니다. 그리고 능곡 홀딩스가 건설할 아파트의 임차인을 모집합니다. 이때 입주 희망자들에게 집값의 10%를 받습니다. 하지만 이 10%는 계약금이 아닌, 능곡 홀딩스의 '주식'을 사는 것과 같습니다.

이때 의구심이 생길 수도 있습니다. 집값의 10%만으로 어떻게 아파트를 짓지?

그 문제를 해결하기 위해 법이 바뀌었습니다. 기존에 있던 '대한주택보증'이 2015년 7월에 '주택도시보증공사'로 변경되면서 새로운 기능이 추가되었습니다. 기존 '대한주택보증'은 주택건설사업과 관련한 각종 보증을 통해 주택 분양 계약자와 입주민을 보호하고, 주택건설 사업자의 원활한 사업 지원, 국민주거 향상을 목적으로 설립된 준시장형 공기업이었습니다.

하지만 이름이 바뀌면서 여러 변화가 생겼는데, 가장 큰 것은 주택보증기금으로 '중도금 대출'을 해줄 수 있게 된 것입니다. 현재 '주택도시보증공사'가 보유하고 있는 주택기금은 약 100조 원으로 추정됩니다.

따라서 능곡 홀딩스는 입주 예정자들의 주식 매입금(집값의 10%)과 정부 대출금으로 사업을 시작할 수 있게 됐습니다. 또한 완공 이후에는 주택 기금을 장기 대출로 전환할 수 있어서 이자 부담이 훨씬 줄어듭니다.

Q. 정부의 입장은?

최근 정부가 야심차게 내놓은 주택 정책이 있습니다. 이른바 기업형 임대주택인 뉴스테이(New Stay)입니다.

뉴스테이의 가장 큰 특징은 세입자가 최장 8년까지 거주할 수 있고, 임대료 상승률은 연 5% 이하로 제한된다는 것입니다. 또한 뉴스테이 공급촉진 지구로 지정받은 곳에서는 인허가 절차 단축, 취득세 · 재산세 · 법인세 감면과 법적 상한 범위 내 용적률 · 건폐율 혜택 등이 주어집니다.

이를 위해 국토교통부에서는 「민간임대 주택에 관한 특별법」과 「도시 정비법」을 마련했으며, 지난 8월에는 「기업형 임대주택법」이 국회를 통과했습니다.

그러나 정부의 뉴스테이 사업의 가장 큰 약점은 모든 부담을 임차인에게 떠맡긴다는 것입니다. 최초의 임대료를 기업이 마음대로 정하도록 했으며, 뉴스테이 수익률을 8~16% 보장하고 있습니다. 당연히 그 부담은 임차인의 몫으로 돌아갑니다. 또한 8년 후 주거인이 집을 매입하려고 할 경우, 현시세로 사야만 합니다.

뉴스테이의 단점을 보완한 것이 〈주주형 좋은 집〉입니다.

Q. 임대료가 치솟을 위험은 없는가?

〈주주형 좋은 집〉역시 해마다 임대료가 인상됩니다. 그러나 일반 아파트와는 다릅니다. 일반 아파트의 경우, 개인과 개인이 계약, 거래를 맺는 것이므로 철저히 시장 논리를 따를 수밖에 없습니다. 하지만 〈주주형 좋은 집〉은 리츠사와 주주(집값의 10%를 내고 주거권을 획득한) 간의 계약입니다. 예를 들어 리츠사인 능곡 홀딩스는 집값의 60%를 임대료로 책정할 것입니다. 즉, 시세 3억 원의 집은 60%인 1억 8,000만 원에 대해서만 임대료를 받습니다. 나머지 1억 2,000만 원은 시행사, 리츠사, 그리고 정부의 주택기금에서 조달합니다.

또한 매년 인상하는 임대료는 1.8%로 책정할 것입니다. 따라서 입주민이 부담해야 할 임대료 인상분은 집값의 60%인 1.8%에 지나지 않습니다. 만약 3억 원의 집일 경우, 1억 8,000만 원의 1.8%인 324만 원, 이 금액만 지불하면 임대료 인상 문제를 해결할 수 있습니다.

그렇다면 임대료 인상분은 어떻게 산출할까요? 이때 등장하는 개념이 바로 '임대료 인상분 자동대출 시스템' 입니다. 이는 이미 특허가 났으며, 국토교통부에서도 관련 프로그램을 만들어 2016년 1월부터 시행하기로 했습니다.

Q. 건설회사가 반대하지 않을까?

기존 건설회사도 일정 지분으로 리츠사와 컨소시엄을 맺을 수 있기 때문에 반대할 이유가 없습니다. 또한 이미 분양이 확정된 사업이라 건설사는 미분양이라는 위험 부담을 안지 않아도 됩니다. 이른바 윈-윈(win-win) 전략이라고 할 수 있습니다.

Q. 기존 세입자와 상인들은?

〈주주형 좋은 집〉은 기존 주택 소유자뿐만 아니라, 여기에 살던 모든 세입자와 소상공인에게도 거주권과 상업권을 보장합니다.

우선 지상과 지하 공간을 사적 영역과 공유 공간으로 분리하여 토지의 실질 용적률을 높였습니다. 이를 통해 주거지역의 경우 약 30% 정도의 토지 가격 인하가 예상되고, 집값 전체로는 약 15%를 낮출 수 있습니다. 이로써 토지 소유주 및 세입자 전원에게 '우선 입주권'을 지급하며, 원한다면 누구나 〈주주형 좋은 집〉에 입주할 수 있습니다.

또한 지하 1층에 근린 생활시설을 유치하여 기존 상인들이 재정착할 수 있도록 '우선 상업권'을 부여합니다.

세상에 이런 게 가능하냐고요?
가능합니다!
십 년 동안 꿈을 이루기 위해
불철주야 뛰었습니다.
이제 꿈이 아니라 현실입니다!

〈주주형 좋은 집〉 왜 좋을까요?

첫째, 절차가 간단합니다. 건설회사가 건설하고, 분양사가 분양 대행을 하고, 개개인이 등기 신청하던 복잡한 과정을 생략했습니다.

둘째, 등록세, 취득세 등의 세금이 발생하지 않습니다.

셋째, 거래가 자유롭습니다. 입주민은 아파트 소유자가 아니라 리츠사 (社)의 주주입니다. 따라서 원할 경우 언제든지 주식처럼 편하게 주거권을 거래할 수 있습니다.

넷째, 지하 공유 공간을 통한 새로운 일자리를 창출할 수 있습니다.

다섯째, 신용등급, 소득, 직업에 관계없이 누구에게나 차별 없는 주택 · 금융지원 시스템을 적용합니다.

여섯째, 10년 거주 후 원할 경우, 10년 전 시세로 소유권을 이전받을 수 있습니다.

〈주주형 좋은 집〉을 실현시키기 위한 특허

개인보증	특허 제 10-1261226호 "서민 주거안정을 위한 임대보증금을 공유하는 방법" → 신용 차별 없이 누구나 사회적 자본에 접근할 수 있도록 한 주거 복지 시스템
사업자보증	특허 제 10-1316572호 "서민 주거안정을 위한 사회적 자본을 공유하는 방법" → 미분양 위험을 해소할 수 있는, 주택 공급자와 대규모 주택 수요자를 위한 새로운 주택 · 금융 시스템
임대료 인상분 자동지급	"임대료 인상분에 대한 대출시스템 및 그 방법" → 임차인들의 임대료 인상에 따른 부담을 원천적으로 해소할 수 있는 시스템
디지털주거권 OMS	특허 출원 제 10-2013-00083040호 "디지털 주거권 선분양에 의한 안정적 주택 공급방법" → 주택 소유와 거주권을 분리, 거주에 대한 안전성 확보, 저렴한 비용으로 주거복지 실현
공동주택 통합관리	특허 출원 제 10-2012-0044661호 → 주택을 주거 공간과 공유 공간으로 구분, 지하 공간을 효율적으로 이용함으로써 토지의 실질 용적률을 높이고 경쟁력 있는 가격으로 주택 공급, 협력적 소비센터를 접 목한 주거 시스템

※ 발명자 & 특허권자 : 김병천

숫자로 보는 대한민국 현주소

3.5년

▶ 30대 그룹 총수 일가의 3~4세를 조사한 결과, 재벌 자제들은 평균 28살에 입사해 32살에 임원으로 승진했다. 임원으로 승진하는 데 평균 3.5년이 걸린 셈이다. 그러니 금수저 물고 태어났단 소리가 나올 수밖에!

11→26

▶ 노무현 대통령이 집권하던 2007년 국가경쟁력은 11위, 이명박 대통령이 집권하던 2012년 국가경쟁력은 24위, 2015년 현재는 26위. '경쟁'을 부르짖던 자들의 경쟁력이란 게 고작 이 정도.

1130조 원

▶ 2015년 11월 기준, 국내 가계부채 대출 총액은 1,130조 원이다. 가계부채의 뇌관이 터지는 순간, 제2의 IMF 시절이 도래할 것이다.

89% / 27.6%

▶ 통계청에 따르면 2015년 2분기 주거비는 지난해 같은 기간보다 21.8% 상승했다. 10년 전인 2005년 2분기와 비교하면 가계 주거비 지출 규모가 89%나 증가한 셈이다. 소비자물가 상승률 27.6%에 비교하면 상승폭은 지나치게 크다.

1.7배

▶ 지난 3년간 서울 지역 전세가는 평균 8,458만 원 상승했다. 지난해 도시노동자 가구의 평균 연간소득 5,682만 원보다 약 1.5배 높은 금액이다. 1년간 한 푼도 쓰지 않고 모아도 치솟는 전세 비용을 감당할 수 없다.

48.3%

▶ 한 달에 200만 원을 벌지 못하는 사람이 전체 취업자 19,081,000명 중 48.3%에 이른다. 이런 실정에도 정부는 임금피크제와 직무성과급제 등을 도입, 기업 편들기를 이어가고 있다. 개혁해야 할 것은 노동자가 아니라 재벌기업이다.

94:20

▶ 우리 사회 전체 부(富)의 94%를 20%의 사람이 독점하고 있다. 나머지 80%의 사람이 6%의 부(富)를 쪼개고 나누어 쓰고 있는 셈. 우리가 경제민주화를 이뤄야 하는 이유!

94%

▶ 만 3~5살 유아에게 사교육을 시키는 가정이 94%에 이른다. 또한 국무총리실 산하 육아정책연구소 조사에 따르면 2014년 기준 '영 · 유아 총 사교육비 규모가 3조 2,289억 원이라고 한다. 학벌 위주의 사회 시스템이 바뀌지 않는 한, 사교육비는 계속 늘 수밖에 없다.

PART 3

논쟁은
그만!
자존감의 회복

우물 속에서 하늘을 올려다보지 말라.

그것은 하늘이 아니다.

힘차게 도움닫기를 해 우물 밖으로 나오라.
우물 벽을 바득바득 기어올라서라도 나오라.

…… 그러자 가슴에 창공(蒼空)이 담겼다.

정재호가 거리에서 만난 사람들 ……

나이 드신 어른들한테서 제일 듣기 싫은 말이 있습니다.

세상 참 좋아졌다!

그런데 저는 잘 모르겠습니다. 세상이 나날이 발전하고 있다는데

그것도 잘 모르겠습니다.

이렇게 좋은 세상에, 다들 발전하고 있다는데……

왜 저는 이렇게 살기 힘든 건지.

제가 나약해서 그런 걸까요? 아니면 진화하지 못해서 도태된

멸종동물처럼 낙오자라 그런 걸까요?

취직을 못 하니 연애는 꿈도 못 꿉니다. 사정이 이러한데

왜 결혼 안 하느냐고 물으면 정말 한숨밖에 안 나옵니다.

'미래가 보이지 않습니다.' 라는 제목으로 이메일을 보내온 청년.

저는 이렇게 답장했습니다.

"당신의 잘못이 아닙니다. 그리고 미안합니다."

관료의 길을 걷다

어느 강연에서 이런 이야기를 들었습니다.

"조선시대에는 영의정부터 말단 관료까지 숫자가 채 800명이 넘지 않았습니다. 하지만 그 적은 수로도 북으로는 함경도와 평안도, 남으로는 전라도와 경상도까지 온 나라를 다스렸습니다. 중국과 일본에서는 여러 번 정권 교체가 이뤄졌습니다. 하지만 조선은 깨끗하고 능력 있는 관료들 덕분에 오백 년 역사를 지켜올 수 있었습니다. 물론 중앙 정계에서는 끊임없이 정쟁이 벌어졌지요. 그래도 나라와 백성을 먼저 생각하는 수많은 관료가 있었습니다."

정말 훌륭한 관료들 덕분에 조선 오백 년이 가능했는지…… 그건 잘 모르겠습니다.

그러나 '오백 년 역사를 지킨 깨끗하고 능력 있는 관료'란 말은 뇌리에 깊이 아로새겨졌습니다.

저는 대학에서 행정학을 공부했습니다. 하지만 관료가 될 거라 곤 꿈에도 생각지 못했습니다. 중·고등학교 시절, 저는 그야말 로 '골치 아픈 녀석'이었습니다. 공부는 전교에서 손꼽힐 만큼 잘했지만, 매사 반항적이었습니다.

아직 사회를 보는 눈이 밝지 않은데도 불구하고, 학교는 너무 나 부당하고 불합리하게 보였습니다. 공부 잘하는 아이, 못하는 아이, 집이 부자인 아이, 가난한 아이…….

군대처럼 계급이 나눠지고, 그에 따라 차별대우를 받았습니다.

저는 공부도 잘하고, 집도 그럭저럭 살았습니다. 똑같은 잘못 을 저질러도 공부를 못하거나 가난한 아이보다 덜 혼났지요.

언뜻 기분 좋은 일일 수도 있겠지만, 저는 그 사실이 죽기보다 싫었습니다.

학교가 불공정해서 오히려 그 덕을 본다는 사실이 왠지 자존심 상하고 불쾌했습니다.

그래서 어린 마음에 학교의 기대와는 정반대로 행동했습니다. 선생님 말씀 고분고분 잘 따르는 모범생이 아닌, 따박따박 따지 고 반항하는 골치 아픈 녀석.

선생님들한테 대들 때마다 이 말을 출사표처럼 던졌습니다.

"부당합니다, 선생님!"

그러면 선생님들은 '또 너냐? 하는 표정으로 난감해했지요. 어떤 선생님은 제 말을 끝까지 듣지도 않고 몽둥이부터 찾았습니다. 그러면 겁을 먹기는커녕 오히려 정의감에 불타오르곤 했습니다.

그런 불뚝한 성미로 대학에 들어갔으니 어땠을까요?

때는 바야흐로 80년대로 군사 정권의 횡포가 극에 달했을 때입니다.

우물 속 개구리였던 제가 우물 밖으로 뛰쳐나가보니 세상은 학교보다 더 부당하고 더 불의한 곳이었습니다.

저는 자연스럽게 운동권에 투신하게 됐습니다.

졸업 후에는 외환신용카드에 입사해 노조활동을 했습니다.

그런 제가 돌고 돌아 결국 전공대로 관료가 되었으니, 참으로 인생이란 한 치 앞을 내다볼 수 없습니다.

저는 외환신용카드와 모회사인 외환은행의 합병을 막기 위해 사활을 걸었습니다.

당시 우리 사회는 신자유주의의 물결이 막 밀려들던 참이었습니다.

차츰 이러한 문제들이 단위사업장 하나에 국한되는 것이 아니라는 사실을 깨달았습니다. 이와 비슷한 일들이 다른 노동 현장에서도 벌어지고 있었습니다.

외환신용카드의 합병 역시 우리 사회 전체의 구조조정과 맞물려 있었기에 우리끼리 해결할 수 있는 문제가 아니었습니다.

저는 노조 차원의 활동은 물론 대외적인 루트까지 활발히 이용하기로 결심했습니다. 게다가 운동권 시절에 맺은 인맥들이 정치권에 닿아 있었습니다.

외환카드노조의 정당성을 알리기 위해 구두 밑창이 너덜너덜해지도록 사람들을 만나고 다녔습니다. 그 과정에서 오랜 친구인 안희정의 소개로 노무현 대통령을 만나게 됐습니다.

그리고 그 인연이 저를 관료의 길로 들어서게 했습니다.

살아오면서 저를 매혹시킨 많은 인물들이 있습니다.

그중 다산 정약용은 제가 이상적으로 생각하는 관료의 모습에 가장 가깝습니다.

특히 그가 남긴 『목민심서(牧民心書)』는 200여 년 전의 책이지만, 오늘날 정치하는 이들 역시 귀감으로 삼아야 할 글귀가 많습니다.

그 중 몇 가지를 소개해봅니다.

"천하에 가장 천해서 의지할 데 없는 것도 백성이요, 천하에 가장 높아서 산과 같은 것도 백성이다."

"백성들이 가난하면 자식을 낳아도 잘 거두지 못하니, 백성들을 타이르고 아이들을 길러서 우리 자녀들을 보전케 해야 한다. 늙고 아내가 없는 자, 젊어서 남편을 잃은 여인, 어리고 부모가 없는 아이, 봉양해 줄 자식이 없는 사람을 사궁(四窮)이라고 하는데, 이들은 궁하여 스스로 일어날 수 없고, 남의 도움을 받아야 일어날 수 있다."

"상관의 명령이 공법에 어긋나고 민생에 해를 끼치는 것이면 굽히지 말고 꿋꿋이 자신을 지키는 것이 마땅하다. 사대부의 벼슬살이는 언제라도 벼슬을 버린다는 뜻으로 '버릴 기(棄)' 한 글자를 벽에 써 붙이고 조석으로 눈여겨봐야 한다."

하지만 오늘날의 정치인들은 어떤 모습입니까?

18세기 인물인 정약용은 이미 '복지'에 대한 이야기를 하고 있습니다. 그런데도 여전히 많은 정치인들은 복지를 망국으로 가는 지름길이라고 주장합니다.

선거철만 되면 잘 익은 벼이삭처럼 머리를 조아리다가도 정작 당선되면 언제 그랬냐는 듯 민중 위에 서려 듭니다. 국민의 행복보다는 제 안위 챙기기에 급급합니다.

뜻하지 않게 관료의 길을 걷게 된 후, 항상 생각했습니다.

적어도 올챙잇적 생각 못 하는 개구리는 되지 말자.

우물 속 개구리처럼 제 눈에 보이는 세상을 전부라고 여기지 말자.

어린 시절, 아버지가 하신 말씀이 있습니다.

"사내란 말이다, 자고로 힘을 가져야 한다. 그런데 그 힘이 무엇이냐? 사람 살리는 힘이다. 절대 남을 괴롭히거나 남의 걸 뺏는 목적으로 써선 안 된다. 재호야, 알긋냐?"

나이가 어려서 그 말의 세세한 뜻은 헤아리지 못했지만 왠지 이해할 수 있었습니다. 턱을 앙다물고 몇 번이나 고개를 끄덕였습니다.

사람 살리는 힘.

보다 좋은 세상으로 바꾸는 힘.

어쩌면 제가 관료가 된 것은 '보다 큰 힘'을 갖고 싶어서일지도 모르겠습니다.

정약용의 실사구시(實事求是)와
애민사상(愛民思想)을
제 정치사상의 근간으로 삼아
민생을 돌보겠습니다.

내 인생의 만남!
그분들이 없었더라면

.. 대통령의 밥값은 누가 낼까

죽은 사람은 말이 없습니다.
그러나 때로는 그 죽음 자체가
많은 말을 해주기도 합니다.
노무현 대통령은 이 세상에 없지만,
그가 꿈꾼 세상은
수많은 사람들의 입으로,
입으로 전해져
어느 날 한 떨기 꽃으로
피어날 겁니다.
빛이 아무리 멀어도
나그네의 길을 인도해주듯.

원칙과 상식이 통하는 세상

누구도 예측하지 못했던 노무현 대통령의 당선.

그것은 혁명이었습니다.

노무현 대통령은 돈도, 권력도, 기득권도 없는 마이너 중의 마이너였습니다. 정치인으로서 그가 기댈 것이라곤 오직 신념밖에 없었습니다.

사람 사는 세상!
원칙과 상식이 통하는 세상!

그것이 노무현 대통령의 신념이었고, 민심은 기다렸다는 듯 그를 선택했습니다.

새로운 시대에 대한 요구가 대중의 가슴속에서 이미 광풍처럼 휘몰아치고 있었던 겁니다.

기적은 그렇게 일어났습니다.

·· 대통령의 밥값은 누가 낼까

저는 노무현 대통령과 함께 청와대에 들어가서 함께 나왔습니다. 노무현 대통령을 보좌했던 것입니다. 청와대에서 근무했던 시간들은 그야말로 일의 연속이었습니다.

이른 새벽에 출근해서 밤늦게 퇴근하는 일이 비일비재했습니다. 잠자는 시간을 제외하고는 매일같이 일에 매달려 있는데도 일은 계속해서 밀려들었습니다.

그런데도 저는 행복했습니다.

발바닥이 부어터져라 뛰어다닐 때도 온몸에서 엔돌핀이 솟구쳤습니다.

내가 하고 있는 일의 정당성, 그리고 역사적 가치에 대한 확신이 있었기 때문입니다.

청와대 근무 당시 제 별명은 '일 잘하는 정 비서관'이었습니다.

노무현 대통령이 직접 붙여줬지요.

참여정부 초반에 제가 했던 일은 정치개혁 로드맵과 법률 개정 방안을 세워 추진하는 것이었습니다. 개혁 방향을 정확히 인지한 후, 이를 실현할 수 있는 방안들을 찾아 보고서를 작성했습니다.

"내용이 참 알차네요. 애썼습니다."

그 한 마디에 그동안 고생했던 기억들이 싹 사라졌습니다.

이후에도 노무현 대통령은 가끔씩 저를 '일 잘하는 정 비서관'이라고 불렀습니다. 한 번은 제 보고서를 회의석상에서 공개적으로 칭찬하기도 했습니다. 내 노력을 치하하는 쪽지까지 보내줘 모두를 깜짝 놀라게 한 적도 있지요.

그 후에 저는 정무팀에서 대통령 지시사항에 대한 보고서를 전담하다시피 했습니다.

저는 참여정부 인사 중에서 인지도가 높은 축은 아닙니다. 오히려 보이지 않는 곳에서 묵묵히 일하는 그림자 역할에 가까웠습니다.

하지만 맡은 일에 최선을 다했고, 그것만으로도 충분히 만족스러웠습니다.

역사에 기록될 한 시대의 주역이 되어 마음껏 일할 수 있는 기회란 흔치 않을 테니까요.

무엇보다 노무현 대통령을 가까이서 보필할 수 있어서 행복했습니다. 게다가 직접 칭찬까지 들었으니 이미 보상은 다 받은 셈입니다.

그러나 청와대 근무가 마냥 즐거웠던 것만은 아닙니다.
현실정치에 대한 깊은 회의감을 느끼기도 했습니다.

여전히 보수 기득권층에서는 노무현 대통령을 인정하지 않았습니다.

'상고(商高) 출신, 아마추어, 비주류, 좌파 대통령……' 이라는 꼬리표가 끈질기게 따라다녔습니다.

그럴 때마다 저는 안타깝고 화가 났습니다.

저들은 국민이 노무현 대통령을 선택한 이유를 진짜 모르는 것인가?

학벌주의와 기성정치에 대한 환멸, 보수층을 향한 불신…….

그들이 폄하하고 깎아내린 노무현 대통령의 이력이 오히려 국민에게는 희망으로 다가왔습니다.

노무현 대통령 역시 그 사실을 잘 알고 있었습니다.

취임 초기부터 정치개혁을 강도 높게 추진해나갔습니다.

국민의 기대를 저버리지 않았던 것입니다.

정치인이 욕을 먹는 이유는 뭘까요?

국정 전반에 걸친 결정권한이 크기 때문입니다.

평범한 시민 한 사람이 잘못된 선택을 하는 것은 사회에 큰 영향을 끼치지 않습니다.

그저 개인의 실수, 실패로 끝나기 쉽습니다.

잘못을 저지를 때도 마찬가지입니다. 사회 전체를 송두리째 흔

들지는 않습니다. 하지만 정치인의 잘못된 선택은 어떻습니까? 잘못을 저지를 때는요?

파장과 영향력이 어마어마합니다.

쉬운 예로 히틀러만 봐도 알 수 있습니다. 유태인에 대한 개인적 증오감이 어떻게 홀로코스트라는 전대미문의 대학살로 이어질 수 있었는지. 정치인의 자질과 판단력은 민생을 구할 수도 있지만 반대로 도탄에 빠뜨릴 수도 있습니다. 이에 노무현 대통령은 정치개혁에 힘을 쏟았습니다. 당시 노무현 대통령의 정치개혁 주요 관심사는 세 가지였습니다.

지역구도 타파, 저비용 정치, 정치신인의 기회보장.

투명한 정치, 깨끗한 정치, 국민을 위한 정치를 제도화함으로써 국민과의 약속을 지키려고 했습니다. 하지만 저항 또한 만만치 않았습니다. 사회 전반에서 기득권을 차지한 이들에게 노무현 대통령은 그야말로 눈에 가시였습니다.

같은 진영 내의 갈등은 물론, 조·중·동을 비롯한 보수언론과 재벌, 한나라당의 정치 공세가 이어졌습니다. 정치개혁 법안을 통과시키기 위해 의원장석까지 점거해야 했을 때는 울분마저 터져 나왔습니다.

도대체 누구를 위한 정치인가?
정치인은 무엇을 위해 존재하는가?

정치인으로서의 고민이 시작되었습니다.

저는 마음속으로 몇 번이고 외쳤습니다.

소모적인 논쟁은 그만 하자. 일을 하자, 일!

결국 정치개혁법안이 통과된 지 열흘 만에 '대통령 탄핵소추안'이 가결되었습니다.

열린우리당 의원들을 국회 본회의장에서 끌어낸 후, 한나라당과 민주당 의원들만 찬성하여 통과시킨 겁니다.

탄핵은 어느 때 하는 겁니까?

대통령이 독재를 할 때 하는 겁니다.

그렇다면 탄핵은 누가 하는 겁니까? 국민이 하는 겁니다.

그런데 국민의 힘으로 선출된 대통령을 제 입맛에 안 맞는다고 끌어내리다니요.

가장 분노한 것은 노무현 대통령도, 참여정부 인사들도 아니었습니다.

국민의 서릿발 같은 채찍이 정치권에 휘몰아쳤습니다.

광화문으로 촛불이 모여들었습니다.

촛불시위가 절정에 달했던 3월 20일에는 무려 30만여 명의 인파가 모였습니다.

국민은 입을 모아 외쳤습니다.

"탄핵 반대!"

분노한 민심은 다음 총선에서 열린우리당에게 과반 의석을 몰아주었습니다. 탄핵 주역들은 국민의 냉혹한 심판을 받아야만 했습니다.

국민의 손으로 뽑은 국민의 대통령을 국민의 힘으로 지킨 것입니다.

하지만 국민이 지킨 것은 노무현 대통령 개인이 아닙니다.

그의 정치 신념이었습니다.

원칙과 상식이 통하는 세상.

진정한 승자는 국민이었습니다.

프로젝트 마스터 정재호는 ······

청와대에서 일하던 때였습니다.

전국 자치단체장들의 공약을 살펴볼 기회가 있었습니다.

수백여 페이지가 넘는 자치단체장들의 공약집.

단체장들이 내건 공약에는 공통점이 있었습니다.

우리 고장을 살기 좋은 곳으로 만들겠다!

자치단체장들의 이러한 공약은 제대로 지켜졌을까요?

공약이 公約이 아닌 空約이 되어버린 경우가 비일비재합니다.

저는 노무현 대통령에게 '매니페스토 운동 활성화'에 대한

보고서를 올렸습니다.

그래서 말할 수 있습니다.

지금은 모든 선거에 정착된 매니페스토 운동이,

사회조정 비서관 정재호로부터 시작되었다고.

* 매니페스토 운동 : 단체장이나 공직 선거에 나온 후보들의 공약이 실현가능한 것인지, 만약 당선됐다면 그 공약이 제대로 실천되고 있는지 따지고 감시하는 운동.

친구란 내 슬픔을 등에 지고 가는 자
- 인디언 속담

나에게 안희정이,
안희정에게 내가……

나의 오랜 친구이자 동지 안희정, 함께 가자!

세월이 흐를수록 더욱 소중해지는 사람들이 있습니다.

가족이 그러하고, 친구들이 그러하고, 뜻을 모아 함께 일한 동료들이 그러합니다.

그리고 안희정.

누구보다 안희정이 제게는 그러한 존재입니다.

스물두 살 때 안희정을 처음 만났습니다.

잘생긴 얼굴에 신중하고 사려 깊은 눈빛이 인상적이었습니다.

하지만 겉으로 드러나는 부드러움 속에 정의를 향한 들끓는 열망과 강인한 의지가 느껴졌습니다.

이 친구와는 오래 함께할 것 같다는…… 기분 좋은 예감이 들었습니다.

안희정은 제가 가장 좋아하는 친구입니다.

동시에 가장 신뢰하는 정치인이기도 합니다.

2002년 대선 당시 노무현 캠프에서 일하게 된 것도 안희정 때문이었습니다.

안희정이 지지하는 사람이었고, 그렇다면 나 역시 믿고 따를 수 있다고 생각했습니다.

덕분에 저는 세상에 다시없는 바보 정치인 노무현 대통령을 만났습니다.

그런데 어쩌면 희정이도 바보일지 모르겠습니다.

질 것을 알면서도 외길만 고집하는 어느 바보 같은 정치인을 따라다니며, 끝도 모를 험한 길을 함께 걷곤 했으니까요.

그러나 저는 이 두 바보가 너무 좋습니다. 다만 슬프다면 한 명의 바보가 이제는 이 세상에 없다는 겁니다.

그래서 저는 남은 바보와 함께 절뚝이며 걷고 있습니다.

끝도 모를 험난한 길을.

노무현 대통령의 49제를 마치고, 몇몇 동지들과 여행을 다녀왔습니다.

여행길에 안희정이 제게 말했습니다.

"재호야, 나 충남도지사 나갈란다."

안희정의 고향이 논산이기는 했지만, 충청도는 대대로 자유선진당의 텃밭이었습니다.

그런데 안희정이 또다시 험한 길을 걷겠다고 결심한 겁니다.

저는 군소리 없이 간단히 대답했습니다.

"그래? 그러면 네 마음대로 해라."

우리 사이에는 긴 말이 필요치 않습니다.

희정이는 쉽게 결심하고 쉽게 포기하는,
그런 친구가 아닙니다.

분명 충분히 생각하고 고민한 끝에 한 결심이었을 겁니다.

그 사실을 누구보다 제가 잘 압니다.

그러니 무슨 말이 더 필요하겠습니까?

그저 고개 끄덕이며 한 마디만 할 뿐이지요.

"그래, 내가 어떻게 도우면 될까?"

저는 승리를 보장할 수 없는 충청남도지사 선거에 곧장 뛰어들었습니다.

그리고 선거대책위원회 총괄본부장을 맡았습니다.

누군들 쉬운 선거, 이길 수 있는 선거를 하고 싶지 않겠습니까.

하지만 인생에서는
지더라도 반드시 해야 할 싸움이 있습니다.

이길 수 있어서가 아니라, 해야 하니까, 그러니까 하는 겁니다.

안희정은 충분히 그럴 만한 가치가 있는 친구입니다.

친구지만 존경합니다. 희정이가 하는 일이라면 마땅히 내 일처럼 함께 할 수 있습니다.

물론 쉽지는 않겠지요.

주저앉고 싶을 때도 있을 겁니다. 하지만 포기하지 않을 겁니다. 안희정과 함께 걷는 길이 아무리 어둡고 험하더라도 괜찮습니다.

곁에 등불 같은 친구가 있는데 무슨 걱정이겠습니까?

선거 캠프를 차렸지만 역시 녹록치 않은 상황이었습니다.

여론조사는 불리했으며, 선거자금 또한 턱없이 부족했습니다.

캠프의 살림꾼이 되어 여기저기 선후배들을 통해 후원금을 모았습니다.

이런 일은 희정이보다 내가 나았습니다. 그리고 캠프 전반의 일을 총괄지휘하면서, 한편으로는 후보가 만나야 할 인물들을 대신 접견하기도 했습니다.

특히 청와대 비서관과 총리실 민정수석을 거쳤던 제 이력이 캠프에 활력을 불어넣었습니다. 제 명함을 받은 시민들의 표정이 밝고 우호적이었습니다. 참여정부에 대한 그곳 민심이 읽혀졌습니다.

2010년 6월 2일, 또 한 번의 기적이 일어났습니다. 안희정이 2.6%의 표차로 충청남도지사에 당선된 것입니다. 아슬아슬한 표차였지만, 제게는 압승보다 더 귀한 승리였습니다.

모두가 힘들 것이라고 예상했던 선거.

누구도 예측하지 못한 승리.

민심은 또 한 번 우리를 선택했습니다.

그리고 무엇보다 지역주의를 타파했다는 사실이 기뻤습니다.

노무현 대통령 역시 지역주의를 깨기 위해 많은 노력을 기울였습니다. 아마 저 하늘 어디선가에서 흐뭇하게 웃고 계실 것 같았습니다. 그리고 충청남도지사 안희정은 제 예상대로 잘해나갔습니다.

2014년에 충청남도는 한국매니페스토실천본부의 공약이행 평가에서 4년 연속 최우수(SA) 등급을 받아 전국 1위를 차지했습니다.

2013년에는 『시사저널』의 '차세대 리더 100인' 중 정치분야 1위에 올랐습니다.

이에 충남은 2014년 안희정에게 재선의 기쁨을 안겨주었습니다. 당시에도 저는 선대위 총괄본부장을 맡아 안희정에게 힘을 실어주었습니다.

2002년 대선과 2010년 지방선거.

모두가 힘들 것이라고 말했지만 결국은 해냈습니다.

정재호가 그 승리의 작은 밀알이 될 수 있었다는 사실에 무한한 기쁨을 느낍니다.

그리고 안희정과 함께한 두 차례의 프로젝트를 성공적으로 이끈 덕택에 저에게는 "프로젝트 마스터"라는 별칭이 따라 붙었습니다.

순간의 실패와 아픔은 있었습니다.
그러나 우리의 역사는 끝나지 않았습니다.
저와 안희정은 약속했습니다.
다시금 지난 역사를 걸고
민주주의를 위해 헌신하겠노라고.

내 친구 안희정을 소개합니다

친구가 하나 있습니다.

이십 대에 노무현을 만나 정치의 희망을 키워온 친구,

가장 가까이서 노무현의 정치적 성장과 실패를 함께 겪은 친구,

유독 힘들고 궂은 일만 도맡아 했던 친구.

정작 모시던 이가 대통령이 되었는데도,

무엇 하나 누려보지 못하고 감옥에 갇혀야 했던 친구.

그 후 대통령에게 폐를 끼치기 싫다며,

임기 내내 모든 공직을 사양하고 일반인으로 살아갔던 친구.

나의 30년 지기 친구 안희정입니다.

그리고 우리에겐 평생 풀어야 할 과제가 있습니다.

참여정부가 실천에 옮겼지만, 못다 이룬 역사적 과제들.

안희정과 함께 풀어가겠습니다.

담쟁이

저것은 벽
어쩔 수 없는 벽이라고 우리가 느낄 때
그때
담쟁이는 말없이 그 벽을 오른다.

물 한 방울 없고 씨앗 한 톨 살아남을 수 없는
저것은 절망의 벽이라고 말할 때
담쟁이는 서두르지 않고 앞으로 나아간다.

한 뼘이라도 꼭 여럿이 함께 손을 잡고 올라간다.
푸르게 절망을 다 덮을 때까지
바로 그 절망을 잡고 놓지 않는다.

저것은 넘을 수 없는 벽이라고 고개를 떨구고 있을 때
담쟁이 잎 하나는 담쟁이 잎 수천 개를 이끌고
결국 그 벽을 넘는다.

이것은 도종환 선생님의 시 "담쟁이" 전문입니다.

담쟁이는 절망적인 상황에도 굴하지 않고

고난과 한계를 극복하며 결국은 무성하게 벽을 타고 올라 담을 넘습니다.

그런 담쟁이를 바라보다 가슴이 뭉클해져

2012년, 문재인 후보의 펀드를 "담쟁이펀드" 라 이름하였습니다.

제18대 대통령 선거비용 제한금액은 559억 7,700만 원이었습니다.

민주통합당 후보로 나선 문재인은 그중 200억 원을 국민들에게 빚지기로 했습니다.

과연 200억 원이란 거금을 무슨 수로 빌릴 것인가?

'펀드' 란 이름으로 시작되었지만 사실 그것은 '문재인' 이란 사람을 믿고 돈을 빌려주는 개인과 개인의 거래였습니다.

기대 반 불안감 반으로 시작된 문재인의 담쟁이 펀드.

그렇지만 모금을 시작하고 56시간 만에

거뜬히 200억 원을 달성하였습니다.

아무도 예상하지 못했던 결과이기에 감동이 더욱 컸습니다.

사용량 폭주로 펀드에 참여하지 못한 사람들은 아쉬움을 댓글로 남기며

문재인 후보의 당선을 기원했습니다.

그리고 문재인 후보가 낙선하자

그만큼 많은 사람들이 마음 아파했습니다.

문재인의 담쟁이 펀드는 정경유착의 고리를 끊고 깨끗한 정치를
실천하겠다는 의지의 발로였습니다. 그리고 비록 낙선의 고배를 마셔야
했지만, 문재인 뒤에는 그를 응원하는 든든한 지원군이 있음을 확인할
수 있었습니다.

문재인 담쟁이 펀드 프로젝트가 성공리에 막을 내리면서
저는 또다시 프로젝트 마스터로서의 입지를 굳건히 다졌습니다.

56시간 만에 200억 원이 모였습니다.
분명 "국민에게 빚을 지겠습니다" 하고,
빚이라 말했는데도
국민들은 기꺼이 빚을 내어줬습니다.
검은 돈 쓰는 대신 떳떳한 빚쟁이가 되겠다고
환하게 웃으며 그가 말했습니다.
그렇게 '사람이 먼저인 세상'의 문을
열었습니다.

정치는 덕(德)으로 해야 한다.
마치 북극성이 제자리에 있고
많은 별들이
그 북극성을 중심으로 도는 것과 같다.

- 『논어』 「위정」편에서

권력으로는 국민을 움직일 수 없습니다.

저랑 지금 싸우자는 거예요?

대한민국은 바야흐로 전쟁 중입니다.

아버지 세대와 자식 세대가 싸우고, 남성과 여성이 싸우고, 보수와 진보가 싸우고, 기업과 노동자가 싸우고, 경찰과 시민이 싸우고, 한전과 노인이 싸우고, 정부와 희생자 유가족이 싸우고……

그리고 대통령은 국민과 싸웁니다.

요즘처럼 사회 구성원 간의 갈등이 심했던 적이 없습니다.

왜 그럴까요?

사회 전반에서 '원칙'이 무너졌기 때문입니다.

국가는 국민의 재산과 안전을 지켜야 할 의무가 있습니다.

하지만 현 정부는 부자들의 재산은 지켜주지만 서민의 재산은 지켜주지 않습니다.

떡을 열 개 가진 자에게는 덤으로 한 개 더 얹어주지만, 하나밖

·· 대통령의 밥값은 누가 낼까

에 없던 자에게는 그 남은 하나마저도 뺏습니다.

남해 한가운데서 배가 기울어졌을 때 오천만 국민 중 그 누구도 의심치 않았습니다.

당연히, 마땅히, 아이들이 살아 돌아올 것이라고.

하지만 국가는 단 한 명도 구조하지 못했습니다.

단 한 명도!

국민과 희생자 유가족들은 궁금했습니다.

도대체 왜! 왜! 왜!

왜 배가 기울어졌는가? 왜 아이들을 살리지 못했는가?

그 진실을 알려달라고 외쳤습니다.

하지만 정부는 진상규명 대신 알량한 돈 몇 푼과 겁박으로 그들의 입을 막으려고 듭니다.

잊으라!

도대체 왜? 무엇이 두려운 것일까요?

정부는 국민과 더 이상 '소통' 하지 않습니다.

국민의 목소리에 귀 기울이는 대신 입에 재갈을 물립니다.

버스로 층층이 장벽을 쌓은 후, 살(殺)수차로 물대포를 쏘아댑니다.

그리고 '명령' 합니다.

가만히 있으라!

몇 십 년 전 독재정권이 그러했던 것처럼.

2012년 대선 당시, 수구언론과 새누리당은 박근혜 후보가 '원칙'과 '신뢰'에 충실한 정치인이라고 추켜세웠습니다.

그들이 말한 '원칙'과 '신뢰'란 무엇이었던 걸까요?

박근혜 대통령이 선거 당시 내걸었던 공약들은 휴지조각이 되어버렸습니다.

혹여 기자들의 질문이 거슬리면 이렇게 말합니다.

"저랑 지금 싸우자는 거예요?"

박근혜 대통령의 원칙은 마치 '프로크루스테스의 침대'와 같습니다.

프로크루스테스는 쇠로 만든 침대에 나그네를 눕힌 뒤, 침대 길이보다 짧으면 다리를 잡아 늘리고, 길면 잘라버렸습니다.

박근혜 대통령 역시 자신이 세운 일방적인 기준에 국민을 억지로 맞추려고 합니다.

역사 교과서를 국정화시켜 수구세력의 가치관을 우리 아이들에게 주입시키려고 합니다.

이것이 북한의 세뇌교육과 무엇이 다른가요?

자신들은 온갖 불법을 저지르면서도, 국민들에게는 법을 지키라고 윽박지릅니다. 민간인 사찰을 당연시하면서도 본인은 '비밀주의'로 일관합니다.

자신의 뜻에 반(反)하면 '배신의 정치'라고 공격합니다.

그것이 박근혜 대통령이 말하는 '신뢰'입니다.

갈등과 분열.
2015년 대한민국의 키워드입니다.

그리고 그 한복판에 박근혜 정부가 있습니다.

대통령과 국민의 전쟁.
지금 피를 흘리는 것은 국민일지 모릅니다.

그러나 역사는 언제나
민중의 편이었습니다!

"대한민국 주권은 국민에 있고,
모든 권력은 국민으로부터 나온다."
- 헌법 제1조 2항

잠시 빌려준 권력을 본디 제 것인 양
휘두르는 자.
국민과 역사가 심판할지어다.

숫자로 보는 대한민국 현주소

9988

▶ 전체 기업의 99%인 중소기업이 88%의 고용을 담당한다. 우리나라 최대 기업 중 하나인 삼성전자의 2013년 매출액은 228.7조 원. 그해 우리나라 국내총생산(GDP)은 1428.3조 원으로 무려 16%에 이른다. 하지만 삼성전자의 총 고용인력은 28만 6,284명이며, 이중 국내 고용인력은 고작 9만 5,789명이다. 2013년 신규 고용인원은 5만 416명이며, 이중 국내 고용은 5,096명으로 약 10% 정도이다. 삼성전자 같은 세계적인 기업이 10개가 생겨도 신규 고용은 연간 5만여 명밖에 안 된다는 계산이다.

즉, 대기업이 일자리를 만드는 시대가 아니라는 뜻.

30.9%

▶ 한국경영자총협회가 발표한 바에 따르면, 2015년 대졸자의 취업 경쟁률은 평균 32.3 대 1이다. 또한 통계청은 청년(15~29세) 실업률이 10.2%에 이른다고 발표했다. 하지만 서울노동권익센터는 취업 준비자, 구직 단념자 등을 포함한 실질 실업률이 30.9%에 이를 것이라고 추정하고 있다.

여러모로 일하기 참 힘든 세상!

8% → 4%

▶ 대한민국은 약 850만 가구, 2,200만여 명의 사람들이 세를 살고 있다. 대략 전세가로 환산하면 720조 원이다. 그 조달 비용이 8%라면 약 57조 원에 이른다. 이것을 4%로 낮추면 연간 약 29조 원의 주거비용을 줄일 수 있다. 주거비용을 낮춰 내수경기를 활성화시키자.

77.3

▶ '열심히 일하면 더 나은 계층으로 올라갈 수 있을까?' 여기에 동의하지 않는 청년의 비율이 77.3%에 이른다. 한겨레 경제사회연구원의 「청년 의식 조사」에 따르면 '우리 사회는 한 번 실패하면 다시 일어서기 어렵다'에 65.1%, '사회적 성취에서 나의 노력보다 부모의 경제적 지위가 더 중요하다'에 72.7%, 하지만 '노력에 따른 공정한 대가가 제공된다'에는 13.9%밖에 동의하지 않았다. 상황이 이런데도 그 누군가는 젊은이들이 '헬조선'이라고 떠드는 이유가 국사를 잘못 공부해서란다.

▶ 2013년 기준 한국의 취업자 대비 자영업자 비율은 22.5%이다. 미국 6.5%, 일본 8.8%, 독일 10.7%, 영국 14.2%에 비해 2~3배나 높다. 원해서 '사장' 하는 거 아니다. 입이 포도청이라 하는 거다.

22.5%

PART 4

이젠
디딤돌이 되어
완성하다

'정(情)'이
'있어(在)'
'함께(互)' 한 마음은
팍팍한 현실조차 잊게 합니다.

정재호란 이름이 부끄럽지 않도록
하겠습니다.

정재호가 거리에서 만난 사람들 ……

"난 평생 죽어라 일만 했어. 젊을 때는 못사는 사람 보면 게을러서 그렇구나 하고 생각했지. 그때 대통령이 열심히 일만 하면 다 잘살 수 있다 그랬거든. 그런데 이제 그런 거 안 믿어. 내가 얼마나 열심히 일하면서 살았는데. 그런데 못살잖아. 여기서 더 열심히 살라는 건 과로사로 죽으라는 거야. 재벌들 봐. 걔들이 24시간 일하는 것도 아니잖아. 나랑 비슷하게, 아니 나보다 덜 일할 거야. 그래도 잘살잖아. 혼자만 잘사는 것도 아니고 대대손손 잘살잖아. 이건 이상한 거지. 사회가 잘못된 거지. 내가 못나서, 게을러서, 못사는 게 아니라고."

도서관 휴게소에서 만난 70대 어르신.
열심히 일한 만큼 그 대가를 받는 것. 그것이 우리의 상식입니다.
아무리 열심히 일하더라도 가난의 굴레에서 벗어날 수 없다면?
그건 개인이 무능해서가 아니라, 사회 시스템이 잘못 굴러가고 있기 때문입니다.

언제나 사람과 함께 하라

누구나 마음속에 위대한 스승 한두 명은 품고 있을 겁니다.

저 역시 살아오면서 수많은 위인들에게 매료되곤 했습니다.

개인의 영달보다는 공적인 가치를 실현하려 애쓴 이들, 불의에 맞서 일생을 헌신한 이들, 역경 속에서도 꿈을 잃지 않고 끝내 그 꿈을 이뤄낸 이들…….

그중 마하트마 간디는 정치인으로서의 제 마음가짐을 항상 일깨워준 인물입니다.

그가 남긴 말 중에 제 가슴을 후빈 한 마디가 있습니다.

"내가 밥 한 그릇을 배불리 먹을 때 지상의 누군가는 굶고 있다."

지금도 저는 식사를 할 때마다 이 말을 되뇌곤 합니다.

정치란 결국 사람살이를 다스리는 일입니다.

모두가 행복한 세상.

참 꿈같은 일입니다.

하지만 꿈은 현실이 아닙니다.

인간의 욕망은 다 제각각인데 그들 모두를 만족시킬 수는 없으니까요.

그렇다면 정치란 어떤 사람들 편에 서야 할까요?

부족한 사람, 덜 가진 사람, 모자란 사람, 어려운 사람, 힘든 사람…….

세상의 가장 아래에서, 그들을 위해 일해야 합니다.

원래 정치란 그런 것입니다.

그래서 밥 한술을 뜰 때도, 어디선가 굶고 있을 누군가가 떠올라 멈칫하고, 그들을 위해 힘낼 것을 약속하며 꾸역꾸역 입가로 가져갑니다.

사람 속에서, 사람을 위해,
사람과 함께 살아가는 겁니다.

그런데 요즘의 정치판을 보노라면 '사람'이 없습니다.

민심과 정치가 따로 놉니다.

선거철에는 입바른 소리를 잔뜩 늘어놓지만, 지키는 사람도 없고, 지킬 것이라고 믿는 사람도 없습니다.

1%를 위해 99%를 희생시키는 정치가 되어버렸습니다.

"국가는 균형 있는 국민경제의 성장 및 안정과 적정한 소득의 분배를 유지하고, 시장의 지배와 경제력의 남용을 방지하며, 경제주체간의 조화를 통한 경제의 민주화를 위하여 경제에 관한 규제와 조정을 할 수 있다."

헌법 제119조 2항의 내용입니다.

여기에 '경제민주화' 란 말이 나옵니다. 민주화의 가치란 무엇입니까? 곧 '자유' 와 '평등' 입니다.

하지만 대한민국에서는 일할 자유도, 일하지 않을 자유도 주어지지 않습니다.

금수저에서 흙수저까지…… 수저계급론이 등장했습니다. 봉건사회도 아니건만 부모에 따라 계급이 나뉩니다.

어떤 순진한 청년도 '기회의 평등' 을 믿지 않습니다.

그런데 정부에서는 모두가 잘살기 위해 '노동개혁' 을 해야 한다고 말합니다.

하지만 개혁이란 그럴듯한 말 뒤에 숨은 진실은 '노동자를 싸게 가져다쓰고 쉽게 버리자'는 내용입니다.

　노동개혁 속에는 노동자, 즉 사람이 없습니다.

　노동자의 삶, 노동자의 가족, 노동자의 꿈…… 그들의 웃음도, 그들의 눈물도, 아무것도 없습니다.

　오직 숫자, 노동자 한 사람 한 사람의 삶을 비용으로 환산한 계산기만 존재할 뿐입니다.

　프란체스코 교황이 한국에 방문했을 때 세월호 유가족들은 이렇게 울부짖었습니다.

　"낮은 데로 임하소서. 우리와 함께 울어주소서."

　정치인의 눈길과 손길 역시 아래로, 아래로 향해야 합니다.

　아픔이 있는 곳으로, 눈물이 흐르는 곳으로.

　그리고 나 정재호는 언제나 그들과 함께 하겠습니다.

간디는 사회를 병들게 하는 일곱 가지 악(惡)에 대해 말했습니다.

첫째, 노동하지 않는 부(富)이다.

둘째, 양심을 무시하고 느끼는 즐거움이다.

셋째, 도덕성 없이 이루어지는 상거래이다.

넷째, 인간을 생각지 않는 과학이다.

다섯째, 희생이 없는 종교이다.

여섯째, 원칙이 없는 정치이다.

일곱째, 가치관이 없는 교육이다.

박근혜 대통령 역시 간디의 이 말을 가슴 깊이 새겼다고 합니다.

이것이 요즘 젊은이들 사이에 유행하는 '유체이탈 화법' 인 건가요?

경기 부양을 위한 부자 감세?
새빨간 거짓말!

부유층의 투자, 소비 증가가 저소득층의 소득 증대로 이어져, 국가 전체 경기가 활성화되는 것을 '낙수효과'라고 합니다. 넘쳐흐르는 물이 바닥을 적시듯, 상류층의 부(富)는 자연스레 하류층의 혜택으로 이어진다는 뜻이죠. 주로 부자 감세를 외치는 사람들이 써먹는 경제이론입니다.

그런데 최근 국제통화기금(IMF)에서는 '낙수효과'를 반박하는 보고서를 내놓았습니다. 소득 상위 20%의 부가 1% 증가하면, 5년 뒤 국내총생산(GDP)은 0.08% 줄고, 하위 20%의 소득이 1% 증가하면 GDP는 같은 기간 0.38% 늘어났습니다. 즉, 상위 계층보다 하위 계층의 소득 증대가 경제 성장에 더 많이 기여한다는 뜻입니다. 부유층과 대기업의 세금을 줄여 소득을 늘리면 경제가 활성화된다는 주장! 그런 새빨간 거짓말은 이제 그만합시다!

"자력만으로 부자가 된 사람은 아무도 없다. 단 한 명도! 당신은 그저 공장을 지었을 뿐이다. 당신은 우리가 돈을 댄 도로로 당신의 상품을 운반했다. 당신은 우리가 돈을 대서 교육한 노동자들을 고용했다. 당신 공장은 우리가 댄 경찰과 소방관 덕분에 안전했다."

- 미국 상원의원 엘리자베스 워런

못살겠다, 못살겠다, 못살겠다……
여기저기서 들려오는 아우성.
듣기 싫다고
그들의 입을 막고 자신의 귀를 닫아버리면
언젠가 사필귀정(事必歸正)의 때가
올 것이다.

민심(民心)은 하늘과 통하므로.

민심(民心)을 잃으면 나라를 잃는다

집으로 향한 발걸음이 천근만근 무겁습니다.

누군가 제 발목에 족쇄를 채운 것처럼 비척비척 걸었습니다.

산책로 쉼터에서 한 어르신을 만났습니다.

"너희 정치하는 종자들은 쇠파리다. 소한테 들러붙어서 피를 쪽쪽 빨아먹는 쇠파리. 소가 아무리 꼬리를 휘둘러도 소용없어. 국민들 세금 뜯어 제 잇속이나 챙기는 것들."

그 분의 서릿발 같은 꾸짖음이 마치 제 종아리를 후려친 듯했습니다.

국민들의 정치 염증은 어제오늘 일이 아닙니다.

그런데 요즘은 염증을 넘어서서 혐오, 더 나아가 '극혐'에 다다른 것 같습니다.

왜 그럴까요?

답은 간단합니다.

정치인들이 정치를 제대로 하지 않아서입니다.

민심(民心)이 이러한데도 정치판에선 반성조차 없습니다.

선거철에 잠깐 이슈몰이를 해서 표만 챙기면 된다고 여기는 듯합니다.

중국의 항우는 명문가(家) 출신인데다가 검술과 전투에 능했으며 힘이 장사였습니다. 천하를 무너뜨릴 만한 기개를 갖춘 영웅호걸이었지요.

막강한 군사력과 용맹함으로 3년 만에 제후들을 복종시켰으니, 스스로 패왕(覇王)이라 부를 만합니다.

그러나 항우는 집안 배경도 전투력도 훨씬 뒤떨어지는 유방에게 패하고 맙니다.

이유가 뭘까요?

대세의 흐름과 민심의 동향을 읽지 못했기 때문입니다.

사마천은 항우에 대해 이렇게 말합니다.

"스스로 공로를 자랑하고, 자신의 사사로운 지혜만 앞세웠다. 과거의 행적에서 교훈을 얻지 못한 채 그저 힘만으로 천하를 굴복시키려고 했다. 결국 5년 만에 나라를 망치고 스스로의 몸도 망쳤다."

그러나 항우는 죽는 순간까지도 자신이 왜 실패했는지 깨닫지 못합니다.

"하늘이 나를 망하게 한 것이지, 내가 싸움을 잘못해서 그런 것이 아니다."

백성이 하늘이며, 민심이 곧 하늘의 뜻이라는 사실을 그는 몰랐던 겁니다.

그리고 또 한 가지.

지도자는 싸움꾼이 아닙니다. 도도한 역사의 흐름 속에서 민중을 보듬고 이끌어가는 '등불' 같은 존재입니다.

그런데 항우는 제 힘만 믿고 마치 검투사처럼 정치를 했으니 결국에는 사면초가(四面楚歌)에 빠질 수밖에요.

조선의 기틀을 마련한 정도전은 『편민사목(便民事目)』이라는 포고령을 통해 국가의 통치이념으로 민본주의(民本主義)와 민생정치(民生政治)를 내세웁니다.

"하늘이 백성을 내면서 통치자를 세우는 것은, 백성으로 하여금 잘살도록 보살펴주고 편안하게 다스리라는 것이다. 그러므로 임금의 도리를 잘하고 못하는 것에 따라 민심이 따르기도 하고, 배반하기도 한다. 하늘의 뜻이 오고가는 것도 여기에 달렸다."

이어서 정도전은 훗날 "민심을 얻으면 민(民)은 군주에게 복종하지만, 민심을 잃으면 민(民)은 군주를 버린다."라고도 했습니다.

경제와 민주주의가 모조리 파탄 난 오늘날.

민심은 어디로 흐를까요?

그 민심을 되돌리기 위해 어떠한 노력을 기울여야 할까요?

고민은 깊어가건만 민생정치를 향한 장벽은 너무나 높습니다.

하지만 사람의 일이 아닌 하늘의 일이 없고, 하늘은 스스로의 뜻으로 일어서는 자를 돕습니다.

지금의 정치 판도를 뒤집을 만한 재주가 부족할 수는 있습니다. 그러나 아닌 것은 아닌 겁니다. 현실이 이렇다고, 어쩔 수 없다고, 주저앉아버리면 아무것도 달라지지 않습니다.

낙숫물이 바위를 뚫듯 계속해서 힘을 내야 합니다.

그 힘은 어디에서 오는 것일까요?
바로 국민에게서 나옵니다.

국민의 편에 서서, 국민의 힘을 모은다면, 어떠한 부조리한 현실도 바꿔나갈 수 있습니다.

하늘이 두 쪽 나더라도 저는 그 사실을 믿습니다.

"깨어 있는 시민의 힘,
깨어 있는 시민의 조직된
행동이야말로 민주주의의
마지막 보루입니다."

노무현 대통령의 말씀입니다.
역사의 반동은 일시적으로
가능할지 모릅니다.
그러나 결국 이기는 것은 국민입니다.

왜 사느냐고 묻는다면……

누군가가 제게 물었습니다.

"당신은 왜 삽니까?"

저는 이렇게 대답했습니다.

"스스로 행복해지기 위해 삽니다."

그러자 또 묻습니다.

"당신은 언제 행복감을 느낍니까?"

저는 다시 대답했습니다.

"책임을 다할 때 가장 행복합니다."

이십 대에는 이 땅의 민주주의를 꿈꾸며 학생운동에 투신했습니다.

삼십 대에는 노동조합 위원장을 하며 약자의 권익을 옹호했습니다.

사십 대에는 노무현 대통령을 모시며 청와대와 총리실에서

국정을 운영했습니다.

고단하고 힘들었지만 가장 행복하고 보람된 시간이었습니다.

그리고 오십 대가 된 저는 제가 사는 곳을 새로운 미래로 설계하고

싶습니다.

'더 큰 책임'을 다하는 것이 제 꿈입니다.

일자리와 주택, 교육과 문화를 연계하는
실험의 공간이자 실천의 공간.
〈주주형 좋은 집〉의 또 다른 가능성을
소개합니다.

아이들의 웃음소리가
까르르 울려 퍼져서
엄마들이
행복해지는 세상.

〈주주형 좋은 집〉을 통한 아름다운 공동체 만들기

저는 젊은 날 불의를 보면 참지 못했습니다.

화톳불처럼 화르르 타올라 이 세상의 불의를 태우고 싶었습니다. 그런데 나이를 먹으면서 좀 변했습니다.

정의를 향한 마음은 똑같지만, 이제 다른 것들이 눈에 들어옵니다.

어느덧 내 나이 쉰두 살.

지천명(知天命)에 들어선 지금은 '온돌' 같은 사람이 되고 싶습니다.

추운 사람, 배고픈 사람, 고단한 사람, 딱한 사람…… 그들의 헐벗은 마음을 뜨끈뜨끈 데워주고 싶습니다.

이름하여 대한민국 대표살림꾼.

그것이 하늘의 명(天命)이 아닐까 합니다.

초등학교에 들어갈 무렵이었습니다. 저는 잠시 부모님 품을 떠나 조부모님 손에서 컸습니다.

할아버지댁은 시골이었지만 오일장이 설 만큼 큰 마을이었습니다.

그런데 그 큰 마을 사람들이 모두 한 가족 같았습니다.

초인종은 있지도 않았거니와 사립문을 걸어 잠근 집도 보기 드물었습니다.

이웃집을 꼭 제 집 안방처럼 드나들면서도 서로 불편하다는 생각을 못 했습니다.

이웃사촌이란 말이 괜히 생긴 게 아닐 겁니다.

농사철에는 서로 일손을 거들었고, 명절에는 지신밟기나 줄다리기, 씨름대회 같은 세시풍속을 즐겼습니다.

아이들에게는 마을 전체가 놀이터였습니다. 부모들은 밥때가 아니면 제 아이를 찾지도 않았습니다.

그래도 걱정하는 이 한 명 없었습니다.

내 부모 내 자식 가릴 것 없이 모두가 부모였고, 모두가 자식이었습니다.

요즘처럼 옆집 사람이 죽어도 몇 개월 동안 모르는 것은 꿈도 꿀 수 없었습니다.

저희 부모님이 살던 동네도 다르지 않았습니다.

어머니는 장사를 하셨습니다.

저녁때를 넘겼다 싶으면 떨이라며 물건을 더 얹어주시곤 했습니다. 어떤 이는 아주 멀리서 우리 집까지 와 물건을 사곤 했습니다. 단골이라는 게 이유였습니다.

요즘은 싼 가격을 찾아 물건을 사지만, 옛날에는 사람을 찾아 물건을 샀습니다.

정(情)이 넘치고 넘쳐 그야말로 '다정도 병인 양' 하던 시절이 었습니다.

그리고 세상은 변했습니다.

농경사회에서 산업사회로 옮겨가며, 우리의 삶은 보다 다양한 형태를 띠게 되었습니다.

누리로서의 삶보다 개인으로서의 삶이 중요합니다.

이웃 간의 끈끈한 정은 사라졌지만, 개인의 취향과 개성은 존중받게 되었습니다.

그러나 나날이 파편화되는 현대사회는 필연적으로 소외와 고립을 가져왔습니다.

사회 전체에 고독과 우울이 그림자처럼 드리워졌습니다.

이에 따라 여러 사회적 문제가 나타났습니다.

그렇다면 무슨 방법이 없을까요?

이 시대의 가치에 걸맞도록 개인의 삶과 개성은 존중하면서도, 끈끈한 연대감을 심어주는 대안적 공동체.

여러 전문위원들과 정책연구모임을 진행하며 한결같이 고민했던 과제입니다.

저는 〈주주형 좋은 집〉을 기획하면서 커다란 실험을 하나 구상했습니다.

〈주주형 좋은 집〉은 단순히 주거 문제만 해결하려고 도입한 개념이 아닙니다.

이곳에 두레나 향약, 품앗이 등과 같은 전통적 가치를 복원시키고 싶었습니다.

저는 능곡의 뉴타운을 볼 때마다 생각했습니다.

일자리와 교육 · 문화 · 복지 · 의료를 갖춘 '주거 공동체'를 만들 수 없을까?

생활이 곧 생산, 소비가 곧 기부가 될 수 있다면?

즉, 일상생활이 산업으로 이어질 수 있는 방법이 없을까?

옛날에는 한 마을에서 생산도, 유통도, 소비도 모두 이루어졌습니다.

일자리를 걱정하는 사람도 없었고, 유통마진이 작았기 때문에 물가는 '이해 가능한' 수준이었으며, 이웃 모두가 생산자이자 소비자였습니다.

이웃과 함께 일하고, 소통하며, 두레 세상을 열어가는 것.

그것이 〈주주형 좋은 집〉이 지향하는 근본적 목표이자 가치입니다.

그렇다면 〈주주형 좋은 집〉에서 어떠한 청사진을 그려볼 수 있을까요?

지하공간에 협력적 공유경제센터를 세워 시장만능자본주의의 대안 모델을 제시하고자 합니다.

오늘날의 주택 구조에서는 모든 소비가 개별적으로 이루어지고 있습니다. 집집마다 따로 장을 보고, 따로 가구를 사들이며, 따로 차를 삽니다.

〈주주형 좋은 집〉은 이러한 개별 소비를 협력적 소비로 바꿀 수 있습니다. 이럴 경우 뜻밖의 이익이 생기며, 이는 고스란히 입주민에게 혜택으로 돌아갑니다.

예를 들어, 통신사가 대리점에게 지급하는 영업 수수료는 대략 20%입니다. 만약 1,500세대의 〈주주형 좋은 집〉이 생겼다고 가정해봅시다. 1,500세대가 10년간 사용할 경우, 수수료는 100억 원에 이릅니다.

그런데 〈주주형 좋은 집〉이 특정 통신사와 직거래로 협약을 맺어 10년간 독점 사용하도록 해준다면 어떻게 될까요? 1,500세대의 〈주주형 좋은 집〉은 통신사로부터 대리점 영업이익인 100억 원을 받을 수 있습니다.

또한 공유경제센터에 설립된 교육·문화·복지·의료 시설에서는 입주민들에게 일자리를 제공합니다. 특히 출산과 육아로 경력이 단절된 여성, 아직 일할 수 있지만 정년퇴직한 노인, 커리어가 부족해 구직이 힘든 청년들에게 좋은 기회가 될 겁니다.

입주민은 이곳에서 일하며 받은 포인트로 임대료를 내거나 지하공유공간의 다양한 시설을 이용할 수 있습니다.

공동주택 통합관리 시스템이 입주민과 공유경제센터를 유기적으로 연결, 관리하여 이 모든 것들이 가능토록 해줄 것입니다.

그런데 이 모든 것들이 과연 실현될 수 있을까?
의구심이 들 수도 있습니다.
물론 저 역시 쉽지 않다는 사실을 잘 압니다.
하지만 세상은 우리가 딱 꿈꾼 것만큼만 진화하고 발전합니다.
불가능할 것 같다고, 어려울 것 같다고, 현실상 애로점이 많다고…… 포기해버리면 달라지는 것은 아무것도 없습니다.

역사는 '가능한 차선'이 아닌 '불가능한 최선'을 선택했을 때 종종 기적을 일으켰습니다.

게다가 〈주주형 좋은 집〉이 꿈꾸는 주거 공동체는 이미 여러 곳에서 다양한 방식으로 성공한 사례가 있습니다.

충분히 실현 가능한 '현실적 대안 모델'입니다.

지붕부터 짓는 집은 없다.
기본부터 차근차근 단계를 밟아
꿈의 집이 현실의 집이 될 수 있도록
노력 또 노력!

발상을 전환하면 삶이 달라진다

집이라는 하드웨어와 협력적 공유소비라는 소프트웨어가 만난다면 어떤 일이 벌어질까요?

〈주주형 좋은 집〉의 가장 큰 특징 중 하나는 공유경제센터입니다. 공유 경제센터를 통한 살림 혁명을 소개합니다.

■ 카 쉐어링

가정에서 집 다음으로 지출이 큰 것이 바로 '차' 입니다. 새 차를 구입하는 데 드는 비용은 대략 2,000~3,000만 원. 중고차를 구입한다 하더라도 1,000만 원 안팎의 비용이 듭니다. 게다가 차를 구입한 후에도 유지비는 꾸준히 나갑니다. 자동차 세금이나 고속도로 통행료를 제하고도 연간 평균 462만 원의 유지비가 든다고 합니다. 하지만 정작 차를 이용하는 시간은 많지 않습니다. 평일 낮에도 아파트 주차장마다 차들이 빼곡히 들어찬 것을 보면 알 수 있습니다. 만약 입주민들이 차를 나눠서 쓰면 어떨까요? 수백 대의 리스 차량을 관리하려면 타이어, 경정비, 주유소 등도 자연스레 따라올 것입니다. 이것은 곧 일자리로 연결될 수도 있습니다.

■ 지식정보공유센터

집집마다 안 보는 책이 여러 권 있을 겁니다. 하지만 버리자니 아깝고, 그냥 두자니 자리만 차지하는 경우가 많지요. 주민들의 책을 모아서 공공도서관을 만듭니다. 책 소유주는 입주민 개개인이지만 보관은 지하 도서관에 하는 것이지요. 그리고 입주민들은 누구나 그 책을 빌려볼 수 있습니다. 이웃이 내 책을 빌려볼 때마다 포인트가 쌓입니다. 그 포인트로 임대료와 관리비는 물론, 다른 공유경제센터 서비스를 이용할 수 있습니다.

■ 공동육아 시설

'아이 한 명을 키우는 데 마을 전체가 필요하다.' 는 말이 있습니다. 그것을 실천하는 방안입니다. 요즘 맞벌이 부부들은 아이를 안심하고 맡길 만한 곳이 부족해서 발을 동동 굴리고 있습니다. 입주민 중 육아에 관심이 있거나 전문지식이 있는 사람에게 육아돌보미나 교사직을 준다면 일자리 창출의 쾌거까지 거둘 수 있습니다. 관심은 있지만 전문 교육을 받아야 할 필요가 있을 때는, 공동주택 통합관리 시스템의 헤드헌팅 서비스에서 여성가족부 및 고용노동부에서 운영하는 교육프로그램을 소개해줍니다. 이후 자격증을 취득하면 단지 내 공동육아 시설에서 일할 수 있습니다.

■ 레스토랑

1인 가구나 맞벌이 가구를 위한 레스토랑을 운영합니다. 물론 입주민이라면 누구나 원할 때 이용할 수 있습니다. 예약 시스템으로 운영하여 수요가 예측가능하기 때문에 식재료 낭비가 없습니다. 또한 주문받은 식재료는 직거래를 통해 구입하므로 싼 가격에 서비스를 제공할 수 있습니다. 레스토랑 직원 역시 입주민에게서 선발, 일자리 창출의 효과가 있습니다.

■ 의류 센터

새 옷이나 마찬가지지만 어울리지 않아서, 사이즈가 맞지 않아서 못 입는 옷들. 비싸게 주고 산 탓에 버리지도 못하는 옷들. 집집마다 장롱 속에 그런 옷들이 서너 벌쯤은 처박혀 있을 겁니다. 이제 아까워할 필요가 없습니다. 의료 센터에 맡기십시오. 옷 역시 책처럼 누군가가 빌려 가면 포인트가 쌓입니다. 물론 포인트로 다른 사람의 옷을 빌릴 수도 있습니다. 가방, 신발, 액세서리 등등. 나에게 불필요한 물건을 남에게 빌려줘 돈까지 버니 일석이조입니다.

프로젝트 마스터 정재호는…

  갈등 없는 사회는 없습니다.

  정치란 끝없이 발생하는 갈등을 조절하고 균형점을 찾아가는 과정입니다. 따라서 갈등 관리는 정권 수준의 바로미터라고도 할 수 있습니다.

  저는 정무기획 비서관실에서 시민사회 수석실로 옮긴 뒤, 국책사업과 관련한 여러 갈등 문제를 관리하고 중재해왔습니다.

  하지만 책상에 가만히 앉아 서류만 뒤적거려서는 결코 갈등을 해소할 수 없습니다.

  이에 저는 갈등의 현장 속으로 직접 뛰어들어, 이해관계가 얽힌 사람들을 만나고 다녔습니다.

  그들의 의견에 귀 기울인 후, 정부 입장 또한 계속 설명하고 조율해나갔습니다. 덕분에 항만 인력 공급체계 문제, 용산미군기지 이전, 전시작전권 환수, 장항 산업단지 갈등, 경주방사성 폐기물 처리장 부지 선정 등의 굵직한 현안들을 해결할 수 있었습니다.

  이때 얻은 별명이 '갈등관리 전문가' 입니다.

비상구를 찾을 수 없는 뉴타운 갈등.

이제, 해결되어야 합니다.

선택하지 않았습니다.
아무리 험난한 길이라도
마땅히 가야할 곳이라면
구두끈을 바짝 동여맸습니다.
길을 걸을 때마다 생각합니다.

험한 세상 다리가 될 수 있기를……

뜻이 있는 곳에 길이 있다

에드워드 손다이크라는 미국의 심리학자가 있습니다.

그가 실험한 '고양이의 문제상자(Problem Box)'는 저에게 많은 교훈을 주었습니다.

어느 날, 손다이크는 밀폐된 상자에 고양이를 집어넣었습니다. 상자에서 빠져나오려면 페달을 밟아야만 합니다.

하지만 고양이가 그걸 알 리 없습니다.

상자가 답답했던 고양이는 상자 속을 우왕좌왕 헤집고 다닙니다. 발톱으로 벽을 긁기도 하고, 천장을 향해 껑충껑충 뛰기도 했습니다.

그러다가 우연히 페달을 밟게 되었습니다.

문이 활짝 열렸습니다. 고양이는 드디어 자유를 찾았습니다.

손다이크는 그 고양이를 다시 상자 속으로 집어넣었습니다.

고양이는 좀 전과 똑같은 행동을 반복합니다. 좀처럼 페달 밟을 생각을 하지 못합니다.

그러다가 우연히 또 페달을 밟게 되었습니다.
다시 문이 열렸습니다.
손다이크는 이 과정을 수차례 되풀이했습니다.
어느 순간부터 고양이는 상자에 갇혀도 당황하지 않았습니다.
익숙한 몸짓으로 페달을 밟은 후, 유유히 상자에서 빠져나왔습니다.

고양이가 갇혔던 상자!
바로 이것이 '문제상자' 입니다.

저 역시 문제상자에 갇힌 고양이처럼 고비에 맞닥뜨린 적이 많습니다.
게다가 저는 평범한 시민이 아닌 공인의 삶을 살고 있습니다.
나 자신과 가족의 안위뿐만 아니라 국가의 흥망과 국민 삶의 질을 항상 고민해야 합니다.
그러한 가운데 나는 어떤 판단을 하고 어떤 결정을 내려야 하는가? 항상 고민하고 행동하지만 내 뜻대로 일이 풀리지 않을 때가 많습니다.
특히 노무현 대통령의 탄핵소추와 서거를 겪었을 때는 절망에 가까운 심정이었습니다.

정치인으로서의 삶이 진절머리 났습니다.

하지만 그때 나를 일으켜 세웠던 것은 결국 또 다른 '희망'이었습니다.

정치는 가치를 추구하는 것이라는 노무현 대통령의 말씀.

그 말씀대로 지금의 정치판이 얼마나 돼먹지 못했든, 나는 내가 해야 할 바를 하겠다는 신념.

민주주의의 가치를 수호하고, 민생을 돌보겠다는 곧은 뜻.

그러한 신념 속에서 '문제'는 더 이상 문제가 되지 않았습니다.

그런데 고양이가 문제상자에서 빠져나올 수 있었던 것은 우연이었을까요?

저는 그렇게 생각하지 않습니다.

만약 고양이가 아무 행동도 하지 않았더라면 결코 상자에서 빠져나올 수 없었을 겁니다.

고양이는 문제상자에서 벗어나기 위해 모든 방법을 동원합니다.

그리고 기어코 답을 찾습니다.

물론 고양이는 또다시 문제상자에 갇히고 맙니다. 똑같은 시행착오를 무수히 반복합니다. 지긋지긋할 수도 있습니다. 하지만 결국에는 답을 찾고야 맙니다.

그리고 언제부터인가는 문제상자에 갇히더라도 헤매지 않습니다. 열쇠를 찾아냈기 때문입니다. 이제 그 상자는 더 이상 '문제'가 아닙니다.

인간의 존엄과 민주주의가 훼손되고 있는 오늘날의 정치 판도를 단번에 변화시킬 수는 없을 겁니다.

아마 상자에 갇힌 고양이처럼 계속해서 헛발질을 해야 할지도 모릅니다.

하지만 그 과정에서 문제 해결의 실마리를 발견할 수 있습니다. 십여 년 전, 우리나라 주거 문제를 고민하기 시작했을 때도 그랬습니다.

도무지 어디에서 어떻게 시작해야 할지 감조차 잡히지 않았습니다. 그저 막막하기만 했습니다.

뉴타운의 몰락으로 고통받는 주민들을 볼 때도 같은 기분이었습니다.

하지만 결국은 돌파구를 찾아냈습니다.

끊임없이 고민하고 생각하자 어느덧 〈주주형 좋은 집〉이라는 청사진이 제 앞에 그려지기 시작했습니다.

물론 하나의 문제상자를 벗어나면, 또 다른 문제상자가 저를 기다리고 있을 겁니다.

하지만 포기하지 않습니다.

언제나 뜻이 있는 곳에,
길은 마련되어 있기 마련입니다!

숫자로 보는 대한민국 현주소

1/2, 1/3

▶ 2010년 기준으로 결혼적령기(25~39세)인 남성 미혼율 52.8%, 여성 미혼율 35.5%. 이 수치는 2005년보다 각각 6.9%, 8.1% 오른 수치이다. 또한 2000년보다는 각각 18.3%, 16.5% 올랐다. 2015년에는 얼마나 올랐을까? 이에 박근혜 정부는 결혼을 장려하기 위해 단체 미팅을 주선하고, 아동의 입학 연령을 낮추겠다고 한다. 뭔가 착각하고 있다. 결혼? 안 하는 게 아니라 못 하는 거다!

6030

▶ 야당과 노동계의 노력에도 불구하고 2016년 최저임금은 6,030원으로 결정됐다. 이 돈으로는 제대로 된 밥 한 끼도 사먹기 힘들다. 최저임금 책정한 당신들도 시급 6,030원으로 살아보세요. 그럼 인정!

22 / 65

▶ 사회보장비란 실업자나 노약자, 아동 등 생활능력이 없는 사람에게 최저생활을 유지할 수 있도록 보장해주는 비용을 말한다. 정부가 국민 한 사람에게 주는 사회보장비는 월 평균 22만 원이다. OECD 회원국의 평균치는 월 65만 원이다. 고작 3분의 1 수준밖에 되지 않는다. 맨날 선진국 타령하는 사람들이 복지 앞에서는 아몰랑!

108

지난 5년간 부자감세로 상위 1%에게 돌아간 혜택은 무려 108조 원에 이른다. 세수가 부족해서 복지예산을 삭감할 수밖에 없는 진짜 이유.

1/3

▶ 현대경제연구원이 발표한 주거비용 조사를 보면 임차가구 소비 지출의 약 1/3이 주거비용으로 나가고 있다. 또한 통계청에 따르면 2015년 2분기 주거비는 지난해 같은 기간보다 21.8% 상승. 10년 전인 2005년 2분기와 비교하면 가계 주거비 지출 규모는 10년 만에 89%가 증가했다. 소비자물가 상승률 27.6%와 비교하면 상승폭이 지나치게 크다. 물가에 헉헉헉, 주거비에 컥컥컥! 다 올랐는데 월급만 제자리!

200,000,000

▶ 통계청 자료에 의하면 850만여 임대 가구 중 약 500만 세대가 아파트에 살고 있다. 이들은 전세자금 대부분을 대출로 충당한다. 가구당 평균 전세 대출 약 2억 원, 전체로 따지면 약 1,000조 원 규모다. 이들에게 적용되는 이율이 평균 8%. 한 해 전세 및 월세 보증금 이자만 80조 원에 이른다. 이 돈이 풀리면 내수경제 팍팍 살지 않을까요?

34.5%

▶ 가계의 소비지출에서 차지하는 주거비 비중을 슈바베계수라고 한다. 슈바베계수를 보면 살아가는 데 주거비가 얼마나 많이 차지하는지를 알 수 있다. 우리나라의 경우, 전·월세 가구 보증금을 반영한 슈바베계수가 나날이 오르고 있다. 2010년에 30.4%였던 것이 불과 4년 만에 34.5%로 치솟았다.
요즘 대한민국에서는 엥겔지수보다 슈바베계수가 더 무섭다.

PART 5

프로젝트 마스터
정재호의
여정

남들은 일이 두렵다는데,
저는 일이 즐겁습니다.
제가 하면 잘한다고 다들 칭찬해 주시니

더욱 힘이 납니다.

일 얼마나 잘하는지 한번 보시렵니까?

죽을 운이었으면 진즉 죽었을 낀데
참 신기하다 아이가.
그기 다 하늘의 뜻인갑다.
니는 뭘 해도 분명 한자리는 할 끼다.

일 잘하는 정재호, 궁금하십니까?

칭찬은 고래도 춤추게 한다고 합니다.
제가 신이 나서 덩실덩실 춤추며 일하던 때,
노무현 대통령께서는 저를 이렇게 불렀습니다.

"우리, 일 잘하는 정 비서관!"

그 칭찬이 좋아서, 아침부터 한밤중까지 일해도 힘든 줄 몰랐습니다.

좋은 세상을 만들고 싶다는 오랜 꿈, "사람 사는 세상"을 만들어가는 일이기에 행복했습니다.

그분이 붙여 주신 별명이기에, 그만큼 더 "일 잘하는 사람"이 되어야겠다고 마음먹었습니다.

저는 경북 달성군 농촌 마을에서 3형제의 막내로 태어났습니다.

또박또박 말 잘하고 또래보다 여물었던 저는

어머니가 운영하시던 잡화점에 나가 근방 어른들을 앞에 두고

그럴싸하게 유행가 한 자락 불러재끼고 춤까지 흉내내곤 했습니다.

그럼 어르신들은 재간둥이의 재롱에 함빡 웃음을 지으셨습니다.

그 다음 제게 돌아오는 것은 고소한 라면땅이나 달달한 크림이 든 산도 같은 과자였습니다.

어린 시절은 개구쟁이 사고뭉치로 부모님의 애간장 깨나 태웠습니다.

많은 사람을 싣고 부릉부릉 달리는 버스가 신기한 나머지, 바퀴 한 번 만져 보겠다고 달리는 버스 밑으로 냉큼 기어들어갔습니다.

동네에 있는 저수지에 겁 없이 뛰어들었다가 죽었다 깨나기도 했습니다.

어른들은 '어이구, 이놈아! 그래도 천운이다, 천운!' 하고 말씀하셨습니다.

열 살 무렵, 아버지께서 사고로 병석에 누우셨습니다.

그때가 제 인생에서 가장 힘든 시기가 아니었나 생각됩니다.

어머니는 말할 것도 없고 할머니까지 생업전선에 뛰어들어 닥치는 대로 장사를 하셨습니다.

초등학교에 입학하면서부터 부모님 곁을 떠나 할아버지, 할머니와 함

께 살던 나는

부모님과 함께 살기 위해 다시 집으로 돌아와야 했습니다.

더 이상 타지에서의 유학 생활을 할 수 없었으며, 작은 힘이나마 어머니를 도와야 했던 것입니다.

그때 저는 싸움도 공부도 잘하는 아이였습니다.

아버지가 아프다는 막연한 불안감이 어린 나를 공부하게 만들었습니다.

반면 공부를 곧잘 하던 형들은 슬슬 엇나가기 시작했습니다.

때마침 사춘기여서 그랬던 건지 하루아침에 위기에 몰린 집안 형편에 대한 불만 때문인지 모르겠지만, 형들을 걱정하시는 어머니를 보며 '나는 달라야겠다'는 각오를 했습니다.

한마디로 일찍 철이 든 거지요.

중학생에서 고등학생으로 넘어가며 겪게 되는 일탈.

술담배로 대표되는 어른 흉내, 신체적·정신적 성장과 변화, 저항심 역시 저를 비껴가지 않았습니다.

행군 갔다 근신 처분을 받는 등 저는 친구들과 선생님들 사이에서 '불만 많은, 공부 좀 하는 놈'으로 알려졌습니다.

저항심과 맞물려 사회의식도 싹트게 되었는데 그것은 당시 〈황강에서 북악까지〉라는 제목의 전두환 전기(傳記) 판매를 거부한 정치경제 선생님의 영향이 컸던 듯합니다.

나는 대학 때까지의 사진이 한 장도 없다.

문건이 걸리면 국가보안법, 시위하다 잡히면 집시법,

시위하다 잡히고 집까지 털리면 둘다 적용되는 엄혹한 시기에,

사진 찍는 건 경찰서에서만 가능한 운동권의 금기시 된

행동이었다.

나 역시 자취방이 털리면서 고등학교 때까지의 사진 모두를

경찰이 가져갔다.

졸업앨범 촬영도 하지 않아 그 흔한 사각모 사진도 없다.

그때 우리의 청춘은 그런 세상을 살아내고 있었다.

가족과 함께 바닷가에서

당시만 해도 시골마을에서 대학 문턱 밟는 일이 손에 꼽을 정도였는데, 제가 서울의 명문대에 덜컥 합격하자

마을 어르신들은 마치 당신 집안의 일인양 기뻐하셨습니다.

'야야, 니도 재호 반쪽만 닮아 봐라!' 는 말씀을 종종 하며 대견해 하셨습니다.

그렇게 저는 후배들에겐 전범이 되었고 집안과 마을 전체에선 기대주가 되었습니다.

그런데 막상 대학을 다니며 문제가 생겼습니다.

이념써클에 가입하고 학내시위 가두투쟁에 참가할수록 집안을 일으키는 자랑스러운 아들이 될 것이냐, 시대와 역사를 바로잡는 투사가 될 것이냐 하는 고민이 깊어져 갔던 것입니다.

학교를 다니다가 고향집에 한 번씩 들르면

대학생활에 대해 호기심을 갖고 찾아온 후배들을 향해

미팅이니 기숙사, 신입생 환영회 같은 재미있고 밝은 얘기만을 해주었습니다.

그것은 번뇌 속에서 스스로 방향을 정하지 못한 갈등의 결과였습니다.

학생 시위가 더 빈번해지고 격화되면서 학내 거점을 확보하려는, 말그대로 생존권 투쟁이 치열해졌습니다.

그리고 마침내 겨울방학 때 집에 들러

나중에 후회하지 않는 양심에 맞는 길을 가겠다고 어머니께 말씀드렸습니다.

시위 현장이 어떠한지 한 번도 본 적이 없었던 어머니는

'너무 앞에 나서지 말고 적당히 해라' 하시며 아들이 가는 길을 묵인해 주셨습니다.

어머니의 그 말씀은 학생운동가로서의 길을 걷던 내내 큰 힘이 되었습니다.

그렇게 마음자리를 정하고 보니 운동권 전체에 불만스런 구석이 한두 군데가 아니었습니다.

술독에 빠져 현실을 개탄하는 룸펜적 문화가 만연해 있었고,

과거 제적당했던 선배들이 복학했지만 반독재 민주화를 부르 짖던 70년대 학번과, 광주항쟁을 기점으로 혁명투쟁으로 인식이 진화한 80년대 학번들의 뜻이 맞지 않았습니다.

그런 와중에도 아침 선전전, 오후 가두시위, 저녁 선전전으로 이어지는 일정을 성실히 수행하며

21살의 나는 투사로 변신해가고 있었습니다.

그렇게 1987년을 맞았습니다.

그해 1월 박종철 고문치사 사건과 전경이 쏜 최루탄을 맞고 사망한 이한열 열사 사건으로 인해 학생과 국민의 분노는 극에 달했고, 6월 항쟁의 불꽃이 걷잡을 수 없이 커졌습니다.

항쟁의 불길이 서울을 중심으로 타오르기 시작할 무렵 저는 영남권을 총괄로서의 역할을 분담 받고 대구로 향했습니다.

그곳에서 87항쟁의 전국화를 도모하였으며 그 과정에서 아내를 만났습니다.

투쟁의 동지가 인생의 동지가 된 것입니다

방위병으로 군 생활을 하고 그 시간을 마침과 동시에 제 인생의 근간을 형성한 학생운동도 함께 제대하였습니다.

⋯ 대통령의 밥값은 누가 낼까

민주화 투쟁과정에서 이름 드러난 영웅들은 많지만 뒤에서 쓰러지고, 다치고, 목숨까지 바친 무명의 영웅들을 기억하는 이는 많지 않습니다.

학생회가 대중적이 되기 전까지, 적어도 1987년까지는 별도의 지도부, 무명의 투사들이 전국을 움직였다는 사실을 말해두고 싶습니다.

그리고 그들이 흘린 눈물과 피땀이 있었기에 오늘의 우리가 있음을 고백합니다.

우리의 청춘은 그런 세상을 살아냈습니다.

대한민국을 맡겨도 될 만큼 인정받았습니다.
도민이 밀고 국민이 부르면 준비하겠습니다.
준비하기 위해 공부하고 국민행복 비전 마련하겠
습니다.

그거 안 하면 옆에 있는 재호한테 얻어맞을 것 같
아서 제대로 확실히 준비하겠습니다.

- 안희정, 충남지사 선거 재선에 성공한 뒤 축배를 들며

대학 때 만나 지금까지, 30여 년을 함께한 친구가 있습니다.
사람들은 그를 충남 도지사라고 부르고저는 그를 '내 친구 안희정' 이라고 부릅니다.

20대 때 노무현을 만나 정치의 희망을 키워온 친구,

가장 가까이서 노무현의 정치적 성장과 실패를 함께 겪었던 친구, 유독 힘들고 궂은 일만 도맡아 했던 친구가 바로 내 친구 안희정입니다.

그가 모시던 이가 대통령까지 되었는데도 무엇 하나 누려보기는커녕 오히려 감옥에 갇혀야 했던 친구입니다.

그런 친구가 2010년, 충남지사에 출마한다고 밝혔을 때 나도 모르게 가슴속에서 뜨거운 불덩이가 솟아올랐습니다.

노무현 대통령이 허망하게 떠나신 이후 이것저것 다 등지고 나 또한 떠나고 싶은 마음으로 뒤숭숭했고 다른 한편으로는 '그래도 다시 한 번 제대로 일어서야 하지 않겠나!' 하는 마음이 엎치

락뒤치락하던 시기였습니다.

그때 안희정이 저의 마음을 다잡아준 것입니다.

안희정의 출사표에는 확고한 신념이 담겨 있었습니다.

"지난날 노무현 대통령이 대통령 권력의 특권화를 거부하며 수많은 통치권을 헌법과 법률위에 내려 놓으셨다.

그리고 지역간 양극화를 극복하기 위해 국가균형발전 전략을 수립하셨다.

덕분에 그 시기 모든 자치단체장들은 일 잘하는 시장, 일 잘하는 도지사로 평가 받을 수 있었다.

덕분에 판사와 국회의원 그리고 검사와 언론인들까지 존경과 권위를 누릴 수 있었다.

이 모든 걸 거꾸로 돌려버린 이명박 정부 앞에서 다시 한 번 투쟁을 결심한다.

지방화, 지방분권 투쟁이야말로 21세기 더 좋은 민주주의를 향한 우리 모두의 투쟁이다.

지금 내가 할 수 있는 이 영역에 모든 투쟁의 힘을 집중하겠다."

정말 죽도록 뛰었습니다. 내 선거라 해도 그렇게는 못했을 것입니다.

돌아가신 노무현 대통령의 뜻을 잇기 위해서라도 우리는 이겨야 했습니다.

이겨서, 잘해서, 역사 앞에, 후손 앞에 그리고 돌아가신 대통령 앞에 부끄럽지 않게 살 것이라고 주먹을 불끈 쥐었습니다.

안희정은 친구지만 존경할 수 있고,

그와 관련한 일이라면 마땅히 내 일처럼 하고 싶은 존재입니다. 그래서 안희정의 선거캠프에서 '후보 총괄특보'라는 직함을 맡아 뛰고 또 뛰었습니다.

아마도 개인적 차원의 소망이었다면 그렇게까지 일에 매달릴 수 없었을 것입니다.

역사의 과제들, 참여정부가 미처 풀지 못한 숙제들, 그것이 내 평생의 숙제이며 안희정과 함께 풀어야 한다는 신념이 있었기에 목이 터져라 안희정을 외치고 다녔습니다.

그런 안희정의 당선은 기쁨을 넘어선 커다란 감동이었습니다.

그때 사람들은 저를 "안희정의 남자"라고 불렀습니다.

안희정 당선 프로젝트를 마치고 다시 서울로 올라와
이번에는 '더 좋은 민주주의 연구소'의 운영위원장을 맡았습니다.

더 좋은 민주주의 연구소는, 한 명의 큰 후원보다는 작지만 많은 사람의 후원으로 더 좋은 민주주의를 실현자는 철학을 바탕으로 설립한 연구소입니다.

더 좋은 민주주의 연구소 운영위원장, 충남 정책특별보좌관, 민주당 정책위원회 부의장직을 동시에 수행하며 바쁜 시간들이 흘러갔습니다.

2014년, 다시금 선거가 시작되었습니다.

안희정 도지사는 4년 동안 성공적으로 도정을 이끌었으며 지역 주민들 또한 그의 업적을 인정했습니다. 그러한 반응에 힘입어 안희정은 재선에 나섰습니다.

선거캠프의 팽팽한 긴장감은 여전했지만 훈훈한 민심을 품에 안고 있기에 한결 여유가 있었습니다.

·· 대통령의 밥값은 누가 낼까

여기서 저는 안희정 후보 선대위 총괄본부장을 맡았고 안희정을 지켜내는데 성공했습니다.

2002년 대통령 선거, 2010년 충남지사 선거에 이어

안희정과 함께 일군 세 번째 승리였습니다.

순간의 실패와 아픔은 있을지라도
우리의 역사는 끝나지 않았고
여전히 발전하고 있는 중이다.

·· 대통령의 밥값은 누가 낼까

2012년, 제18대 대통령선거가 있었습니다.

참여정부 비서실장이며 노무현 변호사의 동반자였던 문재인 후보가 민주통합당 대통령 후보가 되면서 다시 바쁜 시간이 시작되었습니다.

문재인 후보와는 대통령 비서실에서 함께 일하며 그분의 학식과 인품 그리고 능력을 익히 보아 잘 알고 있었습니다.

대통령 선거 때에는 문재인 펀드의 총괄기획으로 힘을 보탰지만 국민의 여망을 성공적으로 받들지 못했습니다.

그때 시민들의 뜨거운 지지와 응원이 있었으나 더 많은 이들의 목소리에 귀를 기울이지 못했던 것은 아닐까,

그렇게 지난 시간을 반성하는 계기가
되었습니다.

가장 안정적이고 월급 많이 주는 직장을
얻었다.
외환은행 계열사인 외환신용카드사.
그곳에서도 나는 노조위원장으로 활약했다.

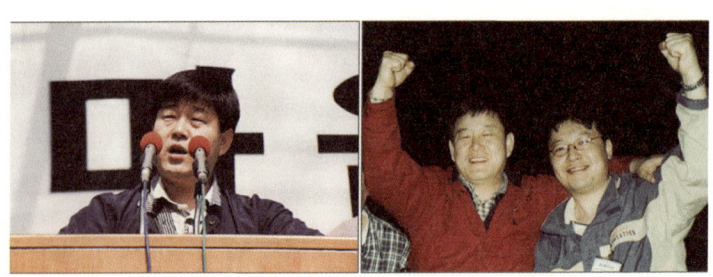

노조위원장 시절 체육대회

군 제대 뒤 곧바로 정치에 몸담았던 것은 아닙니다.

세상을 좀 더 가깝게 알아야 한다,

87항쟁의 주역 중 하나는 넥타이 부대였다,

주류에 섞여 조직하고 때를 기다리자……

학생운동가 모두가 노동운동에 나서기보다는

각계각층에서 자신의 직업적 재능과 포부를 바탕으로 사회를 바꿔야 한다는

'애국적 사회진출론' 이 오고갔던 시기였습니다.

많은 말들이 오가는 가운데, 결국 외환은행 계열사인 외환신용카드사에 취직하는 것으로 진로를 결정했습니다.

회사 생활은 순탄했습니다.

월급도 많고 직원들 간의 분위기도 좋아서 직장인으로서의 여유를 만끽했습니다.

하지만 학창시절 나의 전력이 알려지면서 노조 일을 하게 되었습니다.

학생운동과는 또 다르게, 노조 일 또한 재미있었습니다.

그곳에서 두 번의 노조위원장을 하는 동안 세상은 빠르게 변해

갔습니다.

　IMF사태, 세계화·정보화의 물결 속에 자본과 노동의 국경이 무너지고 있었고, 정신없이 빠르게 발전하는 IT산업에 민주화의 주역 386세대는 따라가는 세대로 쳐지고 있었습니다.

제가 생각하는 사회는 더불어 사는 사람 모두가
먹는 것, 입는 것, 이런 걱정 좀 안 하고
더럽고 아니꼬운 꼬라지 좀 안 보고,
그래서 하루하루가 좀 신명나게 이어진
그런 세상입니다.

- 노무현, 1988년 7월 8일 국회 첫 대정부질문에서

제 인생의 가장 큰 사건은 노무현 대통령을 만나고 그분과 함께 일을 한 것입니다.

그분의 정치적 정신기반, 국민의 삶을 먼저 생각하는 지도자의 자세, 소박하고 진실한 삶의 방향은 제게 훌륭한 롤모델을 제시해 주었습니다.

그래서 2002년 5월, 노무현 대통령 후보 정무보좌라는 직책을 맡게 되었을 때 사랑에 빠진 소년처럼 밤낮 없이 선거운동을 했습니다.

후보에 대한 믿음과 자부심, 그것만으로도 세상을 다 얻은 것처럼 든든하고 행복했습니다.

노무현 후보가 대한민국 16대 대통령으로 당선이 확정된 그 시각, 기쁨과 희열을 어떻게 말로 다 표현할 수 있을까요!

그러나 이후의 일정과 고난을 생각하면

··· 대통령의 밥값은 누가 낼까

'대통령'이라는 자리는 당선된 그날 딱 하루만 즐거운 날이라는 게 정확한 표현입니다.

2003년 2월 25일, 노무현 대통령이 청와대에 입성하면서 정무기획 행정관이라는 공식직함을 받고 함께 청와대의 문턱을 밟았습니다.

그리고 노무현 대통령이 퇴임하신 2007년까지........

청와대의 업무는 상상을 불허할 정도로 양이 엄청납니다.

그래서 사실 청와대에서 버틴 사람의 숫자는 한손에 꼽을 정도로 적지요.

청와대에서 저는 대통령이 인정한 최고의 문서보고자로 통했습니다.

과거 팸플릿 쓰던 솜씨와 회사생활을 하며 익힌 보고서 작성요령이 큰 도움이 되었습니다.

덕분에 대통령의 지시사항에 대한 보고서는 거의 제 몫이었습니다.

청와대 출근 후 '정치개혁입법'을 준비하고 실행시키는 데 거의 1년을 바쳤습니다.

낡은 정치가 오랫동안 한국사회의 발전을 가로막아 왔다는 사실은 국민 누구나 인정했던 일이고

노무현 후보를 대통령으로 국민이 선택했던 것도

정권교체보다는 정치개혁의 구호에 손을 들어줬기 때문이었습니다.

2003년 3월 12일 탄핵에 묻혀버리긴 했으나 노무현 업적의 결정판이기도 했습니다.

국민이 뽑아준 이유에 1년만에 답함으로써 '할 일은 다 했다'는 내부 평가가 있었을 정도로 고무적이었던 우리는 대통령 탄핵이라는 초유의 사태 앞에서 더욱 망연자실 할 수밖에 없었습니다.

이후 시민사회수석실 선임행정관과 비서실 사회조정비서관으로 일하며 여러 가지 협약과 국책사업의 갈등 조정 역할을 해나갔습니다.

그중 '투명사회협약'은 기업, 정부, 시민사회, 정치권이 협약하여 청렴운동을 넓혀 나가자는 것이었습니다.

대선자금 수사를 정점으로 정치권의 투명성은

정치자금법 개정으로 제도적으로 보완되었습니다.

우리나라의 정재계시민사회의 얼굴들이 대거 등장하는 계기

가 되기도 했습니다.

평택미군기지 이전사업, 경주방폐장, 장항산단 등
국책사업 갈등 조정 일을 할 때 노조위원장으로서의 경험이 큰
도움이 되었습니다.

갈등 조정을 해나가며 얻었던 교훈은

'내 떡이 왜 작냐?' 보다는

'내 의견은 왜 듣지도 않고 결정해?' 라는 문제로 불만이 폭발
한다는 것이었습니다.

또한 갈등조정에 있어 관료적 성과주의가 개입되는 그 순간부
터 수렁에 빠지게 됩니다.

조급하면 사고가 나게 돼 있는 법, 경청과 끝없는 대화가 생명
인 것이지요.

그래서 "칼은 품에 있을 때 가장 쓸모가 크다"
는 말이 있나 봅니다.

2007년 국무총리 민정수석실로 자리를 옮겼는데,
그곳 일은 청와대보다 더 고됐습니다.
온갖 국정 현안을 다 알아야 하고 민정수석실 고유 업무도 챙

겨야 하는 힘겨운 나날이었습니다. 아침 5시에 일어나 30분에 출발하며, 밤새 일어난 사건 보고서를 팩스로 받아 차 안에서 읽어야 했습니다.

그렇게 출근하면 매일 아침 각종 기관의 보고서가 책상에 쌓였습니다.

족히 책 한 권 분량의 그 보고서를 날마다 훑어보고, 특히 관심 있는 사항은 그 페이지만 찢어서 들고 다녔습니다.

일주일에 두 차례 조찬회의가 있고, 총리주재 회의 참석까지, 말 그대로 하루하루가 전쟁이었습니다.

그러나 그런 노고만 있었던 것은 아닙니다.

역사적인 일들을 최일선에서 준비하고 함께한 영광의 날도 많았습니다.

국가와 역사를 위한다는 사명감 하나로 힘들고 고된 무수히 많은 날을 견디었습니다.

공직이란 건 그런 것이라고 기쁘게 받아들였습니다.

노무현 대통령을 모시는 행정관으로서 분에 넘치는 영광을 누리긴 했으나, 결코 호사를 누리는 자리는 아니었습니다.

말 그대로 힘들었습니다.

첫날만 좋고 그 다음부터는 창살 없는 감옥 같았습니다.

또한 대통령을 모시는 자리인 만큼 공인의식을 가지려고 노력했습니다.

특히나 우리가 모시는 분은 편법을 허용하지 않고 원칙과 신뢰를 중시하는 성격이기에 그 뜻을 따라 사소한 행동 하나도 한 점 부끄럼 없이 지켜 나갔습니다.

행여나 누가 되지 않기 위해 각별히 말조심을 하면서 공직의 엄중함을 알게 되었습니다.

청와대에서 함께한 시간 동안 나 또한 여러 모로 변화 발전할 수 있었습니다.

시작도 마지막도 바보, 그 바보와 사랑을 했네.

우리 서럽고 쓰리던 지난날처럼
'사람 사는 세상'의 꿈을 향해
서로 손잡고 서로 기대며
정직한 절망으로 다시 일어서자고

우리 바보들의 '위대한 바보'가
슬픔으로 무너지는 가슴 가슴에
피 묻은 씨알 하나로 떨어집니다.

아 나는 '바보'와 사랑을 했네
속깊은 슬픔과 분노로 되살아나는
우리는 '바보'와 사랑을 했네.

- 박노해 추모글 중에서

밥값은 해야죠!

"당신의 몸값은 얼마입니까?" 하고 물으면 사람들은 대개
"연봉?" 하고 되묻습니다.
아, 그래서 질문을 바꿔 다시 묻기로 했습니다.
"밥값은 하십니까?"

'몸값' 이란 그 사람의 능력을 말하고
'밥값' 은 능력 발휘를 얼마나 잘하느냐를 따지는 것인데,
정작 내가 묻고 싶은 것은 '일 잘하고 있지?' 이므로
"밥값은 하십니까?" 하고 묻는 게 맞는 것 같습니다.

성경, 데살로니가후서 3장 10절에는 이렇게 쓰여 있습니다,
"……누구든지 일하기 싫어하거든 먹지도 말게 하라"
바꿔 말해, 밥 먹으려면 일하라는 뜻이지요.
밥값을 벌기 위해 일하고, 일을 제대로 못하면 '밥값 못한다'

는 소리를 듣는 게 맞습니다. 그리고 밥값 많이 받는 사람일수록 더 열심히 일해야 하고요.

텔레비전 뉴스가 시작되면 가장 먼저 나오는 멘트가
"박근혜 대통령은……" 입니다.
나라의 대표이자 중요한 일을 하는 직책이니
일거수일투족 낱낱이 국민들에게 보고가 됩니다.
그 다음이 '정부는' 혹은 "~당 대표는' 입니다.
국민의 손으로 직접 뽑은 대표 혹은 그 대표들이 뽑은 대표니 그분들의 활동도 중요하지요.
그런데 보면 볼수록 화가 나고 혀를 찰 수밖에 없는 게 그분들의 모습입니다.
내 식구 살뜰히 챙기라고 뽑아 놓은 게 아닌데
대통령은 친한 사람 줄을 세워 하나하나 요직을 나눠 주네요.
국회의원들은 국회에 들어서기만 하면 욕하고, 집어던지고 난리도 아니네요.
많이 배우신 분들이 왜 그러신지, 애들 볼까 무섭습니다.

언젠가 인터넷상에 떠도는 글을 보고 한숨을 푹 쉰 적이 있습니다.

어느 날 국회의원이 유치원에 갔습니다. 그리고 아이들을 향해 물었습니다.

"여러분, 이 아저씨가 누군지 알아요?"

"네. 국회의원이요"

국회의원은 흐뭇하게 웃으며, 이왕이면 이 아이들에게 자신의 이름을 알려주고 싶었습니다.

아이들은 미래의 유권자니까요.

또 집에 돌아가 부모님께 오늘 다녀간 사람에 대해 얘기할 때 자신의 이름을 한 번 더 알리려는 계산이었지요.

"그럼 아저씨 이름이 뭔지 아는 사람 있나요?"

그러자 한 아이가 손을 번쩍 들고 말했습니다.

"네. 저 자식이요!"

아이들의 눈에 비친 국회의원은 싸움 잘하고 목소리 큰 '저 자식' 이었습니다.

제가 거리에서 만난 시민들은 몹시 화가 나 있었습니다.

"정치고 나발이고 경제부터 어떻게 해야 하는 거 아닙니까?

국민들 먹고사는 게 이 모양인데, 대통령이나 국회의원들은 다 뭐 하는 거예요?"

여론조사기관의 조사에 따르면, 우리 국민들이 겪고 있는 어려운 경제상황에 대해 박 대통령이 '잘 모르고 있다'고 보는 국민이 10명 중 6명에 달하는 것으로 나타났습니다(59.7%), 어찌 보면 그것은 희망의 메시지이자 긍정적인 평가인지도 모릅니다.

'에이, 모르니까 대책을 안 세우는 거지, 설마 알면서도 이렇게 방치해 두겠어?'

그런데 이걸 누가 대통령에게 알리지?

우리 대신 말해 줄 사람 없나?

국민경제가 바닥을 향하고 있다고, 그래서 국민들이 힘들다고…….

네, 있습니다.

바로 국회의원입니다.

국회의원은 '국민에 의하여 선출된 국민의 대표자'라고 사전에 정의되어 있습니다.

국민의 대표가 국민의 삶을 대변하고 개선하는 데 앞장서야 하는 거 아닌가요?

설마 국민의 대표라는 사람이 국민 경제 상황이 어떤지 모르고 있는 건 아니겠지요.

대통령과 마찬가지로, '아, 그랬어요? 난 몰랐네!' 하고 발뺌할 수 있는 처지는 아니요.

국회의원이 서민들의 삶을 제대로 파악하고 있든 그렇지 못하든 상관없이 작금의 국회의원들은 밥값 못하는 인물의 대명사가 되었습니다.

알면 무엇 합니까. 하는 짓은 똑같은데!

소방 예산 늘리겠다, 청년 일자리와 저소득층 주거지원 늘리겠다 하더니 막상 국회 예산안에서는 소리 없이 그 항목을 빼 버렸네요.

그럼 그 돈이 어디에 쓰일까요?

여야 핵심의원들 지역구 예산이 크게 는 걸 보니, 그 예산이 어디로 갔는지 알겠습니다.

모 예능 프로그램에서 한 방송인이 말하더군요.

"내 코디네이터는 자기 옷만 사고, 자기만 꾸며."

딱 그 꼴입니다.

국회 예산, 자신들을 위해 먼저 쓰고, 남으면 국민을 위해 쓰려고 했는데 쓰다 보니 남는 게 없더란 말이지요.

그래서 화재를 진압하던 소방관이 제대로 된 장비가 없어서 사망하고 사망한 뒤에도 보상 또한 제대로 받지 못합니다.

청년들은 여전히 취업 준비와 아르바이트를 병행하며 불안정한 생활을 하고, 저소득층은 월세를 내지 못해 번개탄을 피우고

생을 접습니다.

그 예산, 국민을 위해 쓰려 했던 그 예산이 통과되고 제대로만 집행됐더라면 '사람 사는 세상'으로 한 발짝 다가설 수 있었는데 말입니다.

저, 정재호는 정신 똑바로 차리고 눈 부릅뜨겠습니다.

슬그머니 대세에 꼬리를 내리고 머뭇거리는 짓은 하지 않겠습니다.

남들이 다 Yes할 때 No할 줄 아는 사람이 되겠습니다.

국민 경제를 먼저 돌보고 서민이 살기 좋은 세상을 만들기 위해 다시 한 번 뛰겠습니다.

밥값 제대로 하는 정재호가 되겠습니다.

대통령의 밥값은 누가 낼까

초판 1쇄 인쇄 2015년 12월 15일
1쇄 발행 2015년 12월 28일

지은이 정재호
발행인 이용길
발행처 **모아북스**
MOABOOKS

관리 정윤
디자인 이룸

출판등록번호 제 10-1857호
등록일자 1999. 11. 15
등록된 곳 경기도 고양시 일산동구 호수로(백석동) 358-25 동문타워 2차 519호
대표 전화 0505-627-9784
팩스 031-902-5236
홈페이지 www.moabooks.com
이메일 moabooks@hanmail.net
ISBN 979-11-5849-016-4   13340

모아북스 는 독자 여러분의 다양한 원고를 기다리고 있습니다.
(보내실 곳 : moabooks@hanmail.net)

이 도서의 국립중앙도서관 출판예정도서목록(CIP)은 서지정보유통지원시스템 홈페이지
(http://seoji.nl.go.kr)와 국가자료공동목록시스템(http://www.nl.go.kr/kolisnet)에서
이용하실 수 있습니다. (CIP제어번호 : CIP2015033813)